Fonaments de programació

PROBLEMES RESOLTS EN C++

Xavier Franch
Jordi Marco
Xavier Molinero
Jordi Petit
Fatos Xhafa

UPC Edicions UPC

UNIVERSITAT POLITÈCNICA DE CATALUNYA

Primera edició: setembre de 2006
Reimpressió: diciembre de 2009

Disseny de la coberta: Ernest Castelltort

© Edicions UPC, 1995
Edicions de la Universitat Politècnica de Catalunya, SL
Jordi Girona Salgado 1-3, 08034 Barcelona
Tel.: 934 137 540   Fax: 934 137 541
Edicions Virtuals: www.edicionsupc.es
E-mail: edicions-upc@upc.edu

Producció: LIGHTNING SOURCE

Dipòsit legal legal: B-42.616-2006
ISBN: 978-84-8301-882-8

Pròleg

El llibre *Fonaments de Programació* neix, com tantes altres vegades, quasi sense voler, a partir del material que hem anat elaborant els autors durant els anys que hem impartit docència a les assignatures d'Informàtica Bàsica i de Fonaments d'Informàtica als estudis de l'Escola Tècnica Superior d'Enginyeries Industrial i Aeronàutica de Terrassa (ETSE-IAT) i l'Escola Universitària d'Enginyeria Tècnica Industrial de Terrassa (EUETIT) de la Universitat Politècnica de Catalunya (UPC).

El nostre objectiu ha estat confeccionar una obra que s'adaptés a les característiques de les assignatures esmentades. Per això, hem intentat, en la mesura dels possibles, cobrir els aspectes bàsics i fonamentals en un curs d'introducció a la programació en el vessant aplicat. D'aquesta forma, volem solucionar parcialment l'absència de material específic de problemes per aquestes assignatures.

El resultat ha estat un text de exercicis d'autoavaluació, problemes i projectes resolts. Els exercicis solen ser enunciats curts i concisos, cadascun dels quals involucra una tècnica o un coneixement específic del temari. En general, es tracta d'exercicis que il·lustren els conceptes que s'han introduït a les classes de teoria. Els problemes resolts presenten una major complexitat que la dels exercicis i, freqüentment, involucren diferents conceptes teòrics que cal combinar per obtenir una bona solució. La majoria dels problemes han aparegut en exàmens parcials o finals recents en les assignatures de les titulacions esmentades (tot i que han estat adaptats i unificats). La resolució dels problemes permet mitigar les dificultats que sovint tenen els alumnes en aplicar sobre casos concrets els conceptes que han adquirit i, fins i tot, entès en les classes de teoria. Per això, hem intentat comentar exhaustivament les solucions per facilitar l'aprenentatge dels diversos mètodes de resolució dels problemes. Els projectes resolts pretenen ser un model per a la realització de projectes semblants, com els que els alumnes han de desenvolupar a les classes de laboratori.

El llibre utilitza un subconjunt bàsic del llenguatge de programació C++ per descriure els algorismes. Aquest subconjunt s'ha mantingut expressament tan petit com ha estat possible: només s'utilitza un paradigma de programació imperativa procedural i no es tenen en compte les capacitats d'orientació a objectes que ofereix aquest llenguatge (tot i que sí s'usen objectes per lectura, escriptura, cadenes de caràcters i taules).

Per fer funcionar aquests algorismes escrits en C++, el lector només haurà de reordenar els diferents fragments de cada programa i afegir-hi les capçaleres que, per raons de brevetat, no hem repetit a cada solució. En particular, només s'utilitzen unes poques funcionalitats de les llibreries `<iostream>`, `<string>`, `<vector>` i `<cmath>`.

Voldríem agrair als nostres companys del departament de Llenguatges i Sistemes Informàtics que han fet docència en aquestes assignatures la seva participació en la confecció d'alguns dels enunciats dels problemes que apareixen en aquest llibre, així com els seus comentaris sobre versions preliminars del material.

Esperem que el llibre sigui d'utilitat no només per als estudiants d'aquestes assignatures, sinó també per als d'altres assignatures similars que existeixen en centres no informàtics de la UPC i altres universitats de parla catalana.

Barcelona, juliol de 2006

Els autors

Índex

Part I

Exercicis i problemes

1

Introducció

Exercicis

1. Penseu en totes les coses que vàreu fer ahir. En quines d'elles sou conscients d'haver usat un programa informàtic?

2. Expliqueu a un turista perdut com anar de la Plaça Major a l'Aeroport del Prat utilitzant transports públics en una dia de vaga de taxis.

3. Expliqueu com multiplicar dos nombres a un nen que sap sumar i coneix les taules de multiplicar.

4. Què és un algorisme?

5. Digueu quin és el contrari de les afirmacions següents:

   - a és més petit que b.
   - Plou i fa sol.
   - No plou i no fa sol.
   - Dues rectes tenen un punt en comú.
   - Tots els camins porten a Roma.
   - Tots els ànecs són blancs i volen.
   - P i Q.
   - P o Q.
   - P o Q però no les dues.

6. Feu les taules de veritat de **no** $(a$ **i** $b)$ i de **no** a **o no** b. Quina és la vostra conclusió? Feu el mateix per **no** $(a$ **o** $b)$ i per **no** a **i no** b.

7. Feu les taules de veritat de **no** $(a$ **i** b **i** $c)$ i de **no** a **o no** b **o no** c. Quina és la vostra conclusió? Feu el mateix per **no** $(a$ **o** b **o** $c)$ i per **no** a **i no** b **i no** c.

8. Epimènides de Creta va afirmar: "Tots els cretencs són uns mentiders". Què en penseu?

9. Representeu els enters 0, −1, 73, 81 i −524 en una màquina que té les paraules de
   16 bits usant l'estratègia de representació per signe i magnitud. Quin és l'interval
   d'enters que es pot representar en aquesta màquina?

10. En el codi ASCII, la 'a' es representa amb el valor numèric 97, la 'A' amb el 65 i el
    '0', amb el 48. Digueu els valors numèrics que representen els caràcters '3', '8', 'M' i
    'Z' en aquest codi. Representeu aquests valors numèrics usant paraules de 8 bits.

11. Quins són els tipus bàsics de C++? Digueu quins valors són admissibles per a cada
    tipus. Feu una taula on per a cada operador llisteu quins són els tipus dels seus
    operands i quin és el tipus del seu resultat. Assenyaleu quins errors es poden donar
    en aplicar aquests operadors.

12. Digueu de quin tipus són les expressions següents i avalueu-les:

    - `12`
    - `12.0`
    - `3 + 4 * 5`
    - `8 / 4`
    - `8 / 3`
    - `8.0 / 3.0`
    - `2 == 3`
    - `3 >= 2`
    - `(3 % 2 == 0) == (7 / 2 > 2)`
    - `3 + (4 * 5)`
    - `4 / (8 / 10)`
    - `true and false or true`
    - `(3 + 4) * 5`
    - `((((3 + 4) * 5)))`
    - `(4 / 8) / 10`
    - `true and (false or true)`
    - `not ('S' < 'D')`
    - `(5 + 1) / (9 % 3)`
    - `double(34)`
    - `int(4.9) + int(4.1)`
    - `int(4.9 + 4.1)`
    - `int('9')`
    - `char(65)`
    - `int('2') >= int('9')`
    - `char(65)`
    - `a / 0`

13. Donades aquestes declaracions:

    ```
    int i, j, k;
    double x, y, z;
    char a, b, c;
    bool p, q, r;
    ```

    digueu quines de les expressions següents són inadmissibles en C++ i per què:

    - `a`
    - `i+3 <= x`
    - `(j-k) / i`
    - `(j-k) / x`

- (j-k) / int(x)
- (i * j - z >= x * y * y) == (*not* a *and* b)
- |x - y| + z
- $\sqrt{x} > 0$
- $x^2 - x^2$
- *not* (p *and* q *and* r *and* c>='A')
- (p+r)+i
- 3*i-(j*z)*x
- a >= b *and* b > c
- (3*x) / (3.1416*y))
- $\dfrac{x + y + z}{i}$

14. Expliqueu el significat de les instruccions d'assignació, de seqüenciació, alternativa, iterativa, de lectura i d'escriptura.

15. Expliqueu com es comporten els operadors de divisió entera i mòdul (/ i %) amb operands negatius. Calculeu 7 / 4, -7 / 3, 7 / -3, -7 / -3, 7 % 3, -7 % 3, 7 % -3, i -7 % -3.

16. Donades aquestes inicialitzacions:

    ```
    int z = 0;
    int u = 1;
    double x = 3.5;
    bool t = true;
    ```

    avalueu les expressions següents i digueu quines poden produir problemes:

    - *not* (z <= 1 *and* x >= 0 *and* t)
    - z == 0 *and* x <= 0 *or* u == 1 *and* x >= 0
    - u / z > -2
    - z != 0 *and* u / z > -2
    - u / z > -2 *and* z != 0
    - z == 0 *or* u / z >- 2
    - u / z > -2 *or* z == 0
    - z == 0 *or* 24 % z != 1
    - z == 0 *and* 24 % z != 1
    - x == 3.5

17. Dissenyeu un algorisme que llegeixi dos nombres reals i escrigui la seva suma.

18. Dissenyeu un algorisme que llegeixi un nombre enter i escrigui si és parell o senar.

19. Dissenyeu un algorisme que llegeixi un nombre enter entre 100 i 999 i escrigui si és cap-i-cua.

20. Dissenyeu un algorisme que, donats tres enters que representen hores, minuts i segons, doni l'equivalent en segons.

21. Dissenyeu un algorisme que, donats tres enters que representen hores, minuts i segons, sumi un segon i doni el resultat en el mateix format.

22. Dissenyeu un algorisme que, donada una quantitat de segons, digui quantes hores, minuts i segons representa.

23. Dissenyeu un algorisme que donada una quantitat en euros, doni el nombre mínim de bitllets i monedes necessaris, sabent que es disposa de monedes de 1, 2, 5, 10, 20 i 50 cèntims i 1 i 2 euros, i bitllets de 5, 10, 20, 50, 100, 200 i 500 euros.

24. Escriviu expressions que, donat un real r, calculin

    - la part entera per defecte de r,
    - la part entera per excés de r,
    - el valor enter més proper a r.

25. Escriviu expressions booleanes que, donat un caràcter c, indiquin

    - si c és una lletra minúscula,
    - si c és una lletra majúscula,
    - si c és un dígit,
    - si c no és ni minúscula ni majúscula ni dígit,
    - si c és una vocal,
    - si c és una consonant,
    - si c és un símbol de puntuació.

26. Escriviu una expressió entera que es correspongui al valor d'un dígit donat (caràcters de '0' a '9').

27. Escriviu una expressió que converteixi un enter entre 0 i 9 al seu dígit corresponent.

28. Dissenyeu un algorisme que donats dos intervals reals $[a_1, b_1]$ i $[a_2, b_2]$ digui si el primer es troba dins del segon.

29. Dissenyeu un algorisme que donats dos intervals reals $[a_1, b_1]$ i $[a_2, b_2]$ calculi l'interval corresponent a la seva intersecció o indiqui que és buida.

30. Dissenyeu un algorisme que donades dues hores del rellotge h_1:m_1:s_1 i h_2:m_2:s_2, indiqui si una altra hora h:m:s es troba entre la primera i la segona.

31. Per als problemes següents, identifiqueu quines són les entrades, quines són les sortides, quina relació hi ha entre les entrades i les sortides, quines condicions han de complir les entrades i quins errors es poden donar. No feu els algorismes:

    - Calcular la suma de dos nombres reals.
    - Calcular el producte de dos nombres reals.
    - Calcular el quocient de dos nombres reals.
    - Calcular el quocient i el residu de dos nombres enters.
    - Calcular el valor absolut d'un nombre real.
    - Calcular l'arrel quadrada d'un nombre real.
    - Resoldre una equació lineal.
    - Resoldre una equació de segon grau.
    - Trobar el valor més alt d'una llista d'enters.
    - Trobar la mitjana de les notes dels alumnes d'una classe.
    - Calcular la distància entre dos punts del pla.
    - Calcular la distància entre dos punts de l'espai.
    - Esbrinar si dues línies són iguals, paral·leles i diferents, o s'intersecten.
    - Simplificar una fracció.
    - Decidir si dues fraccions representen el mateix nombre racional.

32. Un any de traspàs és un any civil que consta de 366 dies civils. Són anys de traspàs tots els múltiples de 4 que no ho són de 100, o que són de 100 però també de 400.

    Escriviu una expressió que indiqui si una variable entera *any* és de traspàs o no.

33. Dissenyeu un algorisme que llegeixi dos enters i n'escrigui el màxim.

34. Dissenyeu un algorisme que llegeixi dos enters i els escrigui ordenats.

35. Dissenyeu un algorisme que llegeixi tres enters i els escrigui ordenats.

36. Dissenyeu un algorisme que llegeixi quatre enters i els escrigui ordenats.

37. Dissenyeu un algorisme que llegeixi un enter que representa una data en format DDMMAAAA i escrigui el dia, el mes i l'any corresponent.

38. Dissenyeu un algorisme que llegeixi un enter que representa una hora del rellotge en format HHMMSS i escrigui l'hora, els minuts i els segons corresponents.

39. Dissenyeu un algorisme que llegeixi dues dates (dia, mes i any de cadascuna) i digui si la primera és anterior en el temps a la segona.

40. Dissenyeu un algorisme que digui si un enter positiu és primer o no.

41. Dissenyeu un algorisme que escrigui el producte de factors primers d'un número natural.

42. Dissenyeu un algorisme que escrigui els 10 primers números primers de la forma $2^n - 1$ amb n natural.

43. Dissenyeu un algorisme que escrigui les taules de multiplicar del 0 al 9.

44. El teorema de Fermat estableix que l'equació $a^n + b^n = c^n$ no té solució per a a, b i c enters diferents de 0, amb $n \geq 3$. Feu un algorisme que comprovi la certesa del teorema per a $1 \leq a, b \leq 1000$ i $3 \leq n \leq 100$.

45. Un dels problemes potencials de les operacions aritmètiques en els ordinadors és el sobreeiximent: el resultat d'una operació no es pot representar amb la paraula de l'ordinador perquè falten bits. Un algorisme totalment fiable hauria sempre de verificar que una operació aritmètica no provoca sobreeiximent. Dissenyeu un algorisme que llegeixi dos enters i, per a cadascuna de les operacions aritmètiques de suma, resta, producte, divisió i mòdul detecti si provoca sobreeiximent o no aplicada sobre aquests dos enters.

46. Dissenyeu un algorisme que intercanvïi el valor de dues variables enteres sense usar cap variable auxiliar.

47. Què penseu de l'algorisme següent?

```
int x = ...
int i = 10
while (i > 0) {
    if (x == x) i = i + 1; else i = i - 1;
}
```

48. Què penseu de l'algorisme següent?

```
int i = ...;
while (i != 0) {
    i = i - 2;
}
```

49. Simplifiqueu l'algorisme següent:

```
int x = ..., y = ...;
bool iguals;
if (x == y) iguals = true; else iguals = false;
```

50. Un mag diu: "Pensa't un número. Multiplica'l per dos. Suma-li 34. Divideix-lo per dos. Treu-li el número que havies pensat. Te'n queden 17!"

Què en penseu?

1.1　La congruència de Zeller per a calendaris

La congruència de Zeller és un càlcul que permet obtenir el dia de la setmana per a una data qualsevol del calendari gregorià. Donada una data determinada pel triplet $\langle d, m, a \rangle$, on d és el dia del mes, m és el mes de l'any i a és l'any,

1. Se li resten dues unitats al mes m i si dóna zero o menys se li suma 12 al mes i se li resta una unitat a l'any. El nou mes obtingut l'anomenem m' i el nou any a'.

2. Es calcula la centúria c (els dos primers dígits de l'any) a partir de l'any a'.

3. Es calcula l'any dins la centúria y (els dos darrers dígits de l'any) a partir de l'any a'.

4. Es calcula
$$f = \lfloor 2.6m' - 0.2 \rfloor + d + y + \lfloor y/4 \rfloor + \lfloor c/4 \rfloor - 2c,$$
on $\lfloor x \rfloor$ és la part entera per defecte de x.

5. f mòdul 7 representa el dia de la setmana segons la correspondència següent: $0 =$ diumenge, $1 =$ dilluns, ...

Utilitzeu la congruència de Zeller per determinar en quin dia de la setmana vau néixer. Funciona?

Dissenyeu un algorisme que, tot utilitzant la congruència de Zeller, llegeixi una data (dia, mes i any) i escrigui en quin dia de la setmana cau.

1.2 El valor clau per a calendaris

Un any de traspàs és un any civil que consta de 366 dies civils. Després de la reforma gregoriana són anys de traspàs tots els anys múltiples de quatre que no acabin en dos zeros i també tots aquells que, acabats en dos zeros, tinguin el nombre que quedaria en treure els dos zeros finals divisible per quatre. Així, 1700, 1800, 1900, tot i ésser múltiples de 4, no foren de traspàs; en canvi, l'any 2000 ho va ser.

El mètode del *valor clau* és un càlcul que permet obtenir el dia de la setmana per a una data qualsevol en el calendari gregorià. Donat un dia determinat pel triplet $\langle d, m, a \rangle$, on d és el dia del mes, m és el mes de l'any i a és l'any,

1. Es calcula la centúria c (els dos primers dígits de l'any) a partir de l'any a.

2. Es calcula l'any dins la centúria y (els dos darrers dígits de l'any) a partir de l'any a.

3. S'agafa el residu r de dividir c entre 4.

4. Es calcula
$$v_1 = \left\lfloor \frac{y}{4} \right\rfloor + d + 11 - 2r + y$$
on $\lfloor x \rfloor$ és la part entera per defecte de x.

5. Es calcula
$$v_2 = v_1 + clau(m)$$
on $clau(m)$ és una funció que pren els valors següents:

m	1	2	3	4	5	6	7	8	9	10	11	12
$clau(m)$	1	4	4	0	2	5	0	3	6	1	4	6

6. Si el mes m correspon a gener o febrer i l'any a és de traspàs, es resta 1 a v_2.

7. Es calcula s, que val el resultat d'agafar el residu de dividir v_2 entre 7 i afegir-li 1.

8. El valor de s indica el dia de la setmana segons la correspondència següent: $1 =$ dilluns, $2 =$ dimarts, ...

Utilitzeu el mètode del valor clau per determinar en quin dia de la setmana vau néixer. Funciona?

Dissenyeu un algorisme que, tot utilitzant el mètode del valor clau, llegeixi una data (dia, mes i any) i escrigui en quin dia de la setmana cau.

2

Seqüències

Exercicis

1. Dissenyeu un programa que llegeixi una seqüència d'enters acabada per un zero i digui quants enters la componen.

2. Dissenyeu un programa que llegeixi una seqüència d'enters acabada per un zero i compti quants cops apareix el número 123.

3. Dissenyeu un programa que llegeixi una seqüència d'enters acabada per un zero i compti quants números positius hi apareixen.

4. Dissenyeu un programa que llegeixi una seqüència d'enters acabada per un zero i digui si hi ha més positius que negatius.

5. Dissenyeu un programa que llegeixi una frase acabada per un punt i digui quants caràcters la componen.

6. Dissenyeu un programa que llegeixi una frase acabada per un punt i digui quants cops hi apareix la lletra Q.

7. Dissenyeu un programa que llegeixi una frase acabada per un punt i digui quantes vocals hi apareixen.

8. Dissenyeu un programa que llegeixi una frase acabada per un punt i digui si hi ha més vocals que consonants.

9. Dissenyeu un programa que llegeixi una seqüència d'enters positius acabada per un zero i en calculi la mitjana aritmètica.

10. Donada una frase acabada per un punt, dissenyeu un algorisme que compti quantes paraules té.

11. Donada una frase acabada per un punt, dissenyeu un algorisme que compti quantes paraules tenen la mateixa longitud que la primera.

12. Donada una frase acabada per un punt, dissenyeu un algorisme que compti quantes vegades apareix la primera paraula.

13. Donada una frase acabada per un punt que no pot tenir blancs a l'inici, compteu el nombre de lletres que tenen la primera i la darrera paraula. Considereu que les paraules se separen per blancs i que no hi ha símbols de puntuació.

14. Donada una frase acabada per un punt que pot tenir blancs a l'inici, compteu el nombre de lletres que tenen la primera i la darrera paraula.

15. Donada una frase acabada per un punt, digueu si totes les paraules comencem amb la mateixa lletra.

16. Donada una frase acabada per un punt, digueu si totes les paraules acaben amb la mateixa lletra.

17. Donada una frase acabada per un punt, compteu totes les paraules que només contenen una sola vocal.

18. Dissenyeu un programa que, donat un enter positiu, digui quantes xifres té.

19. Dissenyeu un programa que generi els 100 primers termes de la sèrie de Fibonacci, definida com
$$F(n) = \begin{cases} 0, & n = 0, \\ 1, & n = 1, \\ F(n-1) + F(n-2), & n \geq 2. \end{cases}$$

20. Dissenyeu un programa que escrigui del revés la representació binària d'un enter positiu, usant el menor nombre de bits possible. Per exemple, per a l'enter 18, hauria d'escriure 01001.

21. Dissenyeu un programa que escrigui del revés la representació binària d'un enter positiu, usant el mínim nombre de bits múltiple de 8 possible. Per exemple, per a l'enter 18, hauria d'escriure 01001000.

22. Dissenyeu un programa que llegeixi una sèrie de zeros i uns, corresponent a la representació binària d'un enter positiu vista del revés, i digui quin és l'enter representat.

23. Dissenyeu un programa que llegeixi una seqüència d'enters positius acabada per un zero i digui quins són l'element més petit i el més gran.

24. Dissenyeu un programa que llegeixi una seqüència d'enters positius acabada per un zero i digui la diferència entre l'element més petit i el més gran.

25. Dissenyeu un programa que llegeixi una frase acabada per un punt i digui el nombre de vegades que apareix la síl·laba LA.

26. Dissenyeu un programa que llegeixi una seqüència d'enters positius acabada per un zero i digui si hi ha algun element més gran que 512.

27. Dissenyeu un programa que llegeixi una frase acabada en un punt i digui si hi ha alguna lletra R.

28. Dissenyeu un programa que llegeixi una seqüència d'enters positius acabada per un zero i digui si un element donat hi apareix.

29. Dissenyeu un programa que llegeixi una seqüència d'enters positius acabada per un zero i ordenada creixentment i digui si un element donat hi apareix.

30. Dissenyeu un programa que llegeixi una frase acabada per un punt i digui si totes les vocals hi apareixen alguna vegada.

31. Dissenyeu un programa que llegeixi una seqüència d'enters positius acabada per un zero i digui si la diferència entre l'element més petit i el més gran és més gran o igual que 69.

32. Dissenyeu un programa que llegeixi una seqüència d'enters positius acabada per un zero i digui si és creixent o no.

33. Dissenyeu un programa que llegeixi una seqüència d'enters positius acabada per un zero i digui si conté dos elements consecutius repetits.

34. Dissenyeu un programa que llegeixi una seqüència d'enters positius acabada per un zero i digui si conté tres elements consecutius repetits.

35. Dissenyeu un programa que llegeixi una seqüència d'enters positius acabada per un zero i digui si formen una progressió aritmètica o no.

36. Dissenyeu un programa que llegeixi una seqüència d'enters positius acabada per un zero i compti el nombre de pics estrictes. Un pic estricte apareix quan un element és estrictament més gran que el seu anterior i el seu successor en la seqüència. El primer i l'últim elements no poden ser pics estrictes. Per exemple, és un pic estricte el tros de seqüència 4 6 5, mentre que no ho és el tros de seqüència 4 6 6 5.

37. Dissenyeu un programa que llegeixi una seqüència d'enters positius acabada per un zero i digui si té algun pic estricte.

38. Dissenyeu un programa que llegeixi una seqüència d'enters positius acabada per un zero i digui si té algun pic (no necessàriament estricte). Un pic (no necessàriament estricte) apareix quan hi ha diversos elements iguals que són estrictament més grans que el seu anterior i el seu successor en la seqüència. El primer i l'últim elements no poden ser pics. Per exemple, és un pic el tros de seqüència 4 6 6 6 5.

39. Dissenyeu un programa que llegeixi una seqüència d'enters positius acabada per un zero i digui si hi ha més pics estrictes que valls estrictes. La definició de vall estricta és simètrica a la de pic estricte. Així, el tros de seqüència 6 3 7 forma una vall estricta, pero 6 3 3 7 no.

40. Determineu el primer nombre natural n que compleix la propietat $17n + 9 = 2n^2$.

41. Malgrat les protestes de les organitzacions ecologistes, la companyia PetiQuiPeti ha instal·lat una central nuclear i ha decidit incorporar-hi un control de qualitat basat en el mostreig periòdic dels nivells de radioactivitat. Dissenyeu un programa que llegeixi una seqüència d'enters que representa el nivell diari de radioactivitat i que escrigui un '*' cada vegada que detecti una entrada amb valor superior o igual a 25, o bé dues entrades seguides superiors o iguals a 15. El programa acabarà o bé en detectar un nivell -1, que indica que la central nuclear ha tancat, o en detectar un nivell 50, que representa un nivell de radioactivitat tan gran que assegura que no queda ningú a qui avisar.

42. Dissenyeu un programa que indiqui si una expressió acabada en un '#' està ben parentitzada. Es considera que una expressió està ben parentitzada si es compleix que:

    - En qualsevol moment de la lectura de l'expressió es té que el nombre de parèntesis oberts és més gran o igual al nombre de parèntesis de tancar.

    - Un cop s'ha acabat de llegir l'expressió, tenim el mateix nombre de parèntesis oberts que de tancats.

    Per exemple, ")")a+b)(((#" està mal parentitzada, però "(a+b)((a+b))#" està bé.

43. Apliqueu certes regles bàsiques de correcció ortogràfica a un text escrit en castellà que acaba per un caràcter '*'. Concretament, heu de donar com a sortida el mateix text tot aplicant les regles següents:

    - Les paraules formades per una sola 'i' han de canviar-se a 'y'.
    - Cal canviar les 'n' que hi ha davant de 'p' per 'm' (conpra → compra).
    - Cal canviar les síl·labes 'nv' per 'mb' (canviar → cambiar).
    - Les 'q' sempre han d'anar seguides per 'u' (qeso → queso).
    - La primera lletra que hi hagi darrera d'un punt sempre ha d'estar en majúscula.

2.1   Misteri

Considereu el programa següent:

```
int main() {
    int a;
    cin >> a;
    int m = a;
    while (a > 0) {
        if (m < a) m = a;
        cin >> a;
    }
    cout << m << endl;
}
```

a) Quina és la sortida d'aquest programa donada l'entrada 3 8 9 4 2 -1?

b) Descriviu en una frase què fa aquest programa.

2.2   El control de qualitat

La cadena de producció d'una fàbrica de components electrònics vol dissenyar un programa per al control de la qualitat de les peces que fabriquen. Per poder sortir al mercat, les peces han de tenir un pes entre 100 i 150 grams. Per això, l'empresa vol que dissenyeu un programa que donada la seqüència dels pesos (en grams) d'una partida de peces detecti si totes passen el control de qualitat. La seqüència acaba amb un pes fictici −1 que es fa servir com a sentinella.

2.3 Vaques boges

Temps de vaques boges... A fi d'evitar que entrin vaques boges a la cadena alimentària, la Generalitat de Catalunya ha decidit posar un codi (nombre enter) a cada vaca per poder distingir vaques malaltes (boges) i vaques sanes. Els codis s'escullen de tal manera que si una vaca és boja llavors el seu codi és múltiple de 13 i 15. Quan arriba un grup de vaques a l'escorxador per ser sacrificades, un operari introdueix a l'ordinador els codis de totes les vaques i al final posa un 0 com a codi fictici.

Dissenyeu un programa que indiqui si hi ha vaques boges en un grup de vaques.

2.4 Infraccions

La zona de l'Eixample de Barcelona pateix des de fa temps problemes en les zones de càrrega i descàrrega per les infraccions que hi fan els vehicles de transport. Bàsicament, s'han rebut queixes que els vehicles superen el temps reglamentari de càrrega/descàrrega. Per aquest motiu, l'Ajuntament de Barcelona ha instal·lat uns sensors en aquestes zones que cada vegada que surt un vehicle envia a un ordinador central l'hora d'entrada i l'hora de sortida del vehicle (en minuts), suposant que estem dins el mateix dia.

Dissenyeu un programa que, donada la seqüència de dades que envien els sensors a l'ordinador central en un dia, acabada amb hores fictícies $\langle -1, -1 \rangle$ (per l'hora d'entrada i de sortida, respectivament), calculi:

- El nombre total d'infraccions que hi ha hagut al llarg del dia, és a dir, el nombre de vehicles que han superat el temps d'estada màxim, que actualment és de 30 minuts.

- El temps d'estada mitjana.

2.5 Codis de barres

Actualment la majoria de les empreses fan servir els codis de barres per distingir els seus productes. El codi més estès i que tendeix a convertir-se en un estàndard és l'EAN-13. Aquest codi està format per 13 dígits: 12 que es corresponen al codi del producte seguits d'un dígit de control. El dígit de control és una part molt important de

la codificació EAN, perquè possibilita l'eliminació total dels errors de lectura del codi. Concretament, el dígit de control es calcula en dues fases:

- a) Se sumen els dígits que ocupen una posició senar multiplicats per 3 i els que ocupen una posició parella (els dígits es numeren de dreta a esquerra).

- b) Es resta el resultat de la suma a la desena superior o igual més propera a aquest resultat.

Per exemple, el dígit de control corresponent al codi 544900000099 es calcularia:

a) $9 * 3 + 9 + 0 * 3 + 0 + 0 * 3 + 0 + 0 * 3 + 0 + 9 * 3 + 4 + 4 * 3 + 5 = 84$

b) $90 - 84 = 6$

Per tant, el seu dígit de control seria el 6.

Dissenyeu un programa que, donat un únic nombre enter que es correspon al codi d'un producte, calculi el seu dígit de control.

2.6 El supermercat Fruita Madura

El supermercat *Fruita Madura* vol donar un premi als seus clients més fidels. Per això, dóna als clients 10 punts per cada 100 euros de compra i al client que hagi vingut més dies a comprar li dóna 100 punts extres. El premi se l'emporta el client que obté més punts.

El supermercat manté per a cada client el seu codi, la quantitat d'euros que ha gastat fins ara i el nombre de dies que ha vingut a comprar. Un mateix client apareix un únic cop a la seqüència.

Dissenyeu un programa que, donada la seqüència amb la informació dels clients, indiqui el codi del client a qui pertoca rebre el premi. La seqüència finalitza amb un codi de client igual a -1.

Per exemple, si l'entrada fos

```
3 1234.56 12 2 45654.36 145 5 678.97 23 9 23.45 1 1 44743.54 298 34
348.76 20 85 287.65 3 789 4567.85 40 -1
```

a la sortida tindrem que el premi se l'emporta el client número 1. Noteu que el client que rep els 100 punts extres pot obtenir més punts que el que ha gastat més diners i per tant endur-se el premi. Concretament, el client que ha gastat més diners és el client número 2 i té 4560 punts, però el que ha vingut més dies a comprar és el client número 1 que, amb els punts extres, té un total de 4570 punts.

Tant el premi com els punts extres en cas d'empat s'han de donar al primer client que apareix a la seqüència.

2.7 Productes caducats

Dissenyeu un programa que llegeixi una data que representa la data d'avui i una seqüència d'elements ⟨*codiArticle,dataCaducitat*⟩ i escrigui els codis dels articles ja caducats. La seqüència acaba amb codi d'article 0 i data caducitat 0. Els codis d'articles són enters, així com la data de caducitat, que es representa en format DDMMAAAA.

2.8 El valor actual

El valor actual del benefici d'una empresa per als n darrers anys es calcula mitjançant la fórmula

$$B = \sum_{i=1}^{n} \frac{I_i - D_i}{(1 + \delta)^{i-1}}$$

on:

- I_i són els ingressos fets en l'any i-èsim.
- D_i són les despeses fetes en l'any i-èsim.
- δ és la taxa d'inflació de l'any actual ($\delta \neq -1$).

Donat un valor real δ i una seqüència de parells $\langle I_i, D_i \rangle$ acabada per $\langle 0.0, 0.0 \rangle$, dissenyeu un programa que calculi el valor actual del benefici de l'empresa, utilitzant només una estructura repetitiva i sense fer servir cap funció primitiva del tipus x^y.

2.9 La benzinera de Vilanova

La benzinera més famosa de Vilanova disposa d'un ordinador connectat als seus tres sortidors (A, B, i C). El sortidor A serveix benzina súper a un preu de 0.897 €/l, el B, súper sense plom a un preu de 0.875 €/l i el C, gasoil a un preu de 0.683 €/l. Cada sortidor té un dipòsit de 10000 litres, que s'omple a les nits i, per tant, quan s'obre la benzinera està ple. Cada vegada que un usuari vol utilitzar un sortidor, marca el tipus de sortidor i la quantitat d'euros que vol carregar. En aquest moment el sortidor envia a l'ordinador el seu codi (caràcters 'A', 'B' o 'C') seguit de la quantitat d'euros. Per acabar el dia, l'encarregat introdueix una 'F' com a codi d'un sortidor fictici.

Dissenyeu un programa que comptabilitzi la facturació obtinguda per cada tipus de benzina, que informi sobre el tipus de benzina més venuda durant el dia, i que si algun dipòsit no té un mínim de 100 litres, no permeti seguir servint cap tipus de benzina i ho indiqui amb un missatge per tal que l'encarregat tanqui la benzinera.

2.10 El pàrquing de la Mútua de Terrassa

La Mútua de Terrassa vol informatitzar la gestió del seu pàrquing, el dibuix del qual es dóna a continuació.

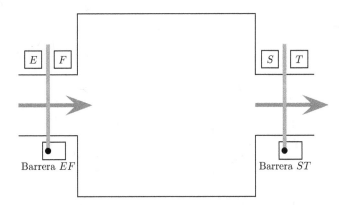

Cada vegada que un vehicle arriba a un sensor (E, F, S o T) aquest envia un senyal a l'ordinador de control. El senyal que envia és el caràcter corresponent al sensor.

Dissenyeu un programa per tal que l'ordinador de control gestioni el funcionament del pàrquing. Per fer-ho, podeu utilitzar les següents accions que ja han estat dissenyades:

- DonarTicket(): Emet un ticket amb l'hora d'entrada per S.
- ObrirBarreraEF(): Obre la barrera EF.
- ObrirBarreraST(): Obre la barrera ST.
- TancarBarreraEF(): Tanca la barrera EF.
- TancarBarreraST(): Tanca la barrera ST.
- RetornarTicket(): Retorna el ticket introduït en S.

El pàrquing ha de funcionar de la manera següent:

- Quan un vehicle arribi al sensor E, cal lliurar-li un ticket amb l'hora d'entrada i obrir la barrera EF.

- Quan un vehicle passi per F, cal tancar la barrera EF.

- Quan s'introdueixi un ticket a S, cal llegir l'hora d'entrada del ticket, l'hora de pagament i l'hora de sortida (expressades en minuts) per tal de comprovar si està pagat i si s'ha fet fa menys de 10 minuts. En aquest cas cal obrir la barrera ST i en cas contrari cal retornar el ticket per tal que el client pugui anar a pagar.

- Quan el vehicle passi per T, cal tancar la barrera ST.

Al final del dia, un encarregat envia una '#' com a senyal i cal informar de:

1. Percentatge de vehicles que han estat menys de 60 minuts en el pàrquing.
2. Percentatge de vehicles que han estat entre 60 minuts i 180 minuts en el pàrquing.
3. Percentatge de vehicles que han estat més de 180 minuts en el pàrquing.
4. La recaptació total sabent que el preu del pàrquing és de 5 cèntims per minut.

Se suposa que al principi del dia el pàrquing és buit.

2.11   El polígon equilateral

Dissenyeu un programa que donat un polígon, indiqui si és equilateral. Un polígon és equilateral quan totes les seves arestes tenen la mateixa longitud.

El polígon es representa a través de la seqüència dels seus vèrtexs. Per exemple, si el polígon fos

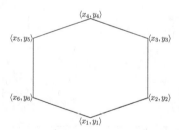

a l'entrada tindríem: x_1 y_1 x_2 y_2 x_3 y_3 x_4 y_4 x_5 y_5 x_6 y_6 x_1 y_1. Noteu que la seqüència acaba quan es tornen a introduir els valors corresponents al primer vèrtex.

Utilitzeu

```
double arrel (double x)
```

per calcular arrels quadrades. Podeu suposar que tot polígon té, almenys, tres arestes.

2.12 La Pica d'Estats

Dissenyeu un programa que, donada una seqüència d'enters estrictament positius acabada per un 0, digui si conté algun pic més gran que 3143 (l'alçada de la Pica d'Estats). En concret, el programa ha d'escriure 'S' si hi ha algun pic més gran que 3143, i 'N' altrament. Un pic és un enter de la seqüència que és estrictament més gran que els seus elements immediatament antecessor i successor dins de la seqüència. Per exemple, la seqüència

21 $\underbrace{41\ 51\ 32}$ 26 37 37 27 12 $\underbrace{31\ 42\ 30}$ 0

té els dos pics assenyalats. En aquest cas, la resposta a la pregunta ha de ser negativa (cap pic és més gran que 3143). Podeu suposar que, com a mínim, sempre hi ha tres enters a la seqüència (sense comptar el 0 final).

2.13 Valls minimals

Donada una seqüència S d'enters positius acabada per un zero, $S = s_1, \ldots, s_n, 0$, es vol comptar el nombre de valls minimals que conté. Entenem com a valls les subseqüències $s_i, \ldots, s_j$ de S que compleixin les condicions següents:

- $1 < i < j < n$,
- $s_i = s_{i+1} = \cdots = s_j$,
- $s_{i-1} > s_i$,
- $s_j < s_{j+1}$.

Una vall $s_i, \ldots, s_j$ és minimal si per a tota altra vall $s_r, \ldots, s_t$ es compleix $s_i < s_r$.

Per exemple, la seqüència

4 $\underbrace{2\ 2}$ 4 5 $\underbrace{3}$ 4 3 3 $\underbrace{2\ 2\ 2}$ 3 0

té tres valls, que són les marcades. Gràficament:

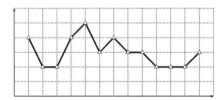

Per tant, hi ha dues valls minimals, la primera i la tercera. En aquest cas, el resultat del programa per a l'exemple donat hauria de ser 2.

Dissenyeu un programa que, donada un seqüència d'enters acabada en zero, compti el nombre de valls minimals que conté.

2.14 El torneig de futbol

Dissenyeu un programa que llegeixi el nom i la puntuació dels equips de futbol que participen en un torneig, i que escrigui la puntuació que tenen més equips juntament amb el nombre d'equips que tenen aquesta puntuació màxima. L'entrada és una seqüència de noms d'equips i puntuació, ordenada decreixentment per puntuació, on el nom de l'equip serà una paraula (una seqüència de caràcters acabada en un únic caràcter blanc) i la puntuació un enter. La seqüència acabarà amb el caràcter '#'. Per exemple, donada l'entrada:

    Barcelona 15 Mallorca 8 Racing 8 València 2 Madrid 1 #

el programa ha d'escriure

    8 2

Podeu suposar que, com a mínim, sempre hi ha un equip a la seqüència. Així mateix, podeu suposar que la seqüència està ben formada: tot nom d'equip porta una puntuació darrera (enter no negatiu), la seqüència efectivament està ordenada per puntuació, no hi ha cap equip repetit i mai hi ha més d'un espai separant els elements de la seqüència. En cas que hi hagi més d'una solució, retorneu la puntuació més gran de les empatades; per exemple, donada l'entrada:

    Barcelona 15 Mallorca 8 Racing 8 València 3 Rayo 3 Madrid 1 #

el programa ha d'escriure igualment

    8 2

perquè, atès l'empat entre les puntuacions 8 i 3, la puntuació més gran de les empatades és 8.

3

Accions i funcions

Exercicis

1. Expliqueu els avantatges de les funcions i les accions.

2. Expliqueu la diferència entre paràmetre real i paràmetre formal.

3. Expliqueu la diferència entre invocació (crida) d'accions i de funcions.

4. Expliqueu la diferència entre pas de paràmetres per entrada, per sortida, i per entrada i sortida.

5. Expliqueu la diferència entre pas de paràmetres per valor i pas de paràmetres per referència.

6. Expliqueu com transformar una funció en una acció equivalent. Sota quines condicions es pot transformar una acció en una funció equivalent?

7. Expliqueu quins errors conceptuals té la funció següent i corregiu-la:

```
int suma (int x, int y) {
    cin >> x >> y;
    int s = x + y;
    cout << s << endl;
    return s;
}
```

8. Considereu l'acció següent per a calcular algunes estadístiques de 5 valors donats:

```
void Estadistiques (double v1, double v2, double v3, double v4, double v5,
                    double& min, double& max, double& mitjana);
```

Digueu quins errors es donen a les invocacions (crides) següents:

```
double x1, x2, x3, x4, x5, min, max, mitj;
...
Estadistiques(12.0, 34, 56.0, 7.0+2.0, 8.0, 1.0, &min, &max, &mitj);
Estadistiques(x1, x2, x3, x4, x5, min, max, mitj);
Estadistiques(x1, x2, x3, x4, x5, min, mitj, max);
Estadistiques(x1, x2, x3, x4, x5, min, 123, max);
```

9. Escriviu les capçaleres per a funcions o accions que resolguin els problemes següents. Doneu només la capçalera, no les implementeu. Tingueu en compte els possibles errors afegint paràmetres quan sigui necessari:

   - Calcular la suma de dos nombres reals.
   - Calcular el producte de dos nombres reals.
   - Calcular el quocient de dos nombres reals.
   - Calcular el quocient i el residu de dos nombres enters.
   - Calcular l'arrel quadrada d'un nombre real.
   - Resoldre una equació lineal.
   - Resoldre una equació de segon grau.
   - Trobar el valor més gran d'una seqüència d'enters.
   - Trobar la mitjana de les notes dels alumnes de la classe.
   - Calcular la distància entre dos punts del pla.
   - Calcular la distància entre dos punts de l'espai.
   - Esbrinar si dues línies són iguals, paral·leles i diferents, o s'intersecten.
   - Simplificar una fracció.
   - Decidir si dues fraccions representen el mateix nombre racional.

10. Dissenyeu una funció que, donat un real, retorni el seu valor absolut.

11. Dissenyeu una funció que, donats dos enters, retorni el màxim d'ambdós.

12. Dissenyeu una funció que, donats dos enters, retorni el mínim d'ambdós.

13. Dissenyeu una acció que, donats dos enters, calculi el mínim i el màxim d'ambdós.

14. Dissenyeu una funció que, donat un enter positiu i, calculi l'i-èsim número de Fibonnaci $F(i)$ (vegeu l'exercici 19 del capítol 2).

15. Dissenyeu una acció que, donats dos enters estrictament positius, calculi el seu quocient i residu, sense utilitzar divisions enteres ni mòduls.

16. Dissenyeu una acció que intercanvïi els valors de dos enters.

17. Dissenyeu una funció que, donats dos enters estrictament positius, calculi el seu màxim comú divisor.

18. Dissenyeu una funció que, donats dos enters estrictament positius, calculi el seu mínim comú múltiple.

19. Dissenyeu una funció que, donat un natural, indiqui si és un nombre primer o no.

20. Dissenyeu una funció que, donat un natural, indiqui si és un nombre capicua o no.

3.1   No ho sé

Considereu l'acció següent:

```
void NoHoSe (int i, bool& b, double& r) {
    // b és d'entrada/sortida i r de sortida
    if (b) {
        if (i >= 0) b = false; else i = -i;
    }
    r = double(i);
}
```

Per als programes següents, digueu si la crida és correcta i, en cas que ho sigui, quin serà el valor que tenen les variables dels programes després de la crida a l'acció:

```
// Programa 1
bool x = true;  double b;  int r = -45;
NoHoSe(r, x, b);

// Programa 2
bool y = false;  double c;  int e = 22;
NoHoSe(e, y, c);

// Programa 3
bool x = true;  double b;  int i = -45;
NoHoSe(x, i);

// Programa 4
double x;  int i = 81;  bool b = i%3 == 0;
NoHoSe(i, b, x);
```

3.2   Tampoc no ho sé

Considereu la funció següent:

```
bool func (int a, double b, char c, bool d) {
    a = 3;  b = 4;  c = 'A';  d = false;
    return not (d or a > 4 and b < 3.5);
}
```

Per als programes següents, digueu si la crida és correcta i, en cas que ho sigui, quin serà el valor que tenen les variables dels programes després de la crida a la funció:

```
// Programa 1
int d = 2;  double c = 7.0;  bool a = true;
bool x = func(d, c, '5', a);

// Programa 2
int d = 8;  double c = 4;  bool a = false;
bool x = func(d+1, c-4, 'Z', not a);
```

```
// Programa 3
int d = 14;  char q = 'Q';  double c = 1.0;
bool a = func(d+1, c-4, q, c<0);

// Programa 4
int d = 8;  double c = 4.0;  bool a = false;
bool x = func(c, d, 'Z', not a);

// Programa 5
int d = 8;  double c = 4.0;  bool a = false;
bool x = func(d, c, 'Z', func(d, c, 'A', a));
```

3.3   Qui ho sap?

Considereu les accions i el programa principal següents:

```
void cosa (int& x, int& y) {
    int z = x;  x = y;  y = z;
}

void quisap (int r, int& s) {
    r = r + 1;  s = s + 1;
    cosa(r, s);
}

int main () {
    int a, b;
    cin >> a >> b;
    quisap(a, b);
    cout << a << ' ' << b << endl;
}
```

Quina sortida escriu aquest algorisme donada l'entrada 3 5? I quina sortida dóna amb l'entrada 9 15?

3.4   Incògnita

Descriviu què fa la funció següent:

```
bool incognita (char c) {
    return c == 'A' and c == 'E' and c == 'I' and c == 'O' and c == 'U';
}
```

3.5 Comparar dates

Dissenyeu una funció CompararDates() que, donats dos enters d_1 i d_2 que representen dues dates en format DDMMAAAA, retorni:

$$\begin{cases} -1 & \text{si } d_1 < d_2, \\ 0 & \text{si } d_1 = d_2, \\ 1 & \text{si } d_1 > d_2. \end{cases}$$

Per exemple, CompararDates(30031971,29051971) ha de retornar l'enter -1 perquè el 30 de març de 1971 és anterior al 29 de maig de 1971.

3.6 Articles caducats

Dissenyeu un algorisme que, donada una data i una seqüència d'articles escrigui els codis dels articles caducats. Concretament, l'entrada de l'algorisme és la data actual (representada con un enter en format DDMMAAAA) seguida d'una seqüència d'articles, on cada article es representa per una parella ⟨*CodiArticle, DataCaducitat*⟩, on el codi de l'article és un enter i la data de caducitat també és un enter en format DDMMAAAA. La seqüència acaba amb un article ⟨0, 0⟩, que actua com a sentinella.

Per exemple, si l'entrada de l'algorisme és

```
04032002 99999 09302001 88888 04062002 828 01012002 0 0
```

el que s'ha d'escriure és:

```
99999 828
```

El vostre algorisme pot fer servir la funció CompararDates() definida al problema 3.5, encara que no l'hagueu dissenyada.

3.7 Intervals

Dissenyeu un algorisme que, donada una seqüència d'intervals positius sobre els reals acabada amb l'interval fictici $[-1.0, -1.0]$, indiqui quin és el primer interval que s'inclou en l'interval $[10.5, 17.9]$.

Per a la solució del problema, dissenyeu prèviament una funció que resolgui el problema següent: donats quatre valors reals a, b, c, d que representen dos intervals reals $[a, b]$ i $[c, d]$ on $a \leq b$ i $c \leq d$, indicar si $[a, b] \subseteq [c, d]$.

3.8 Llaunes

L'empresa de supermercats KDolent s'ha proposat millorar la imatge dels seus magatzems arreu de Catalunya, amb l'objectiu de vendre el màxim nombre de productes als seus clients habituals i de captar-ne de nous. Assessorats per la consultoria Artur Centpercent, els dirigents de KDolent volen que, cada matí, els clients es trobin les llaunes de conserves apilades d'una forma que ells consideren sumament estètica: la fila de dalt de tot només conté una llauna, i cada fila conté una llauna més que les que hi ha a la seva fila superior (vegeu dibuix). Per tal de poder fer les comandes als seus proveïdors, els supermercats KDolent necessiten saber si un determinat nombre de llaunes de conserva es poden o no apilar segons els criteris de la consultoria.

a) Escriviu una funció que, donat un nombre positiu que representa el nombre de llaunes, indiqui si es poden apilar o no de la forma descrita.

b) Escriviu un algorisme que llegeixi una seqüència d'enters positius acabada en zero i escrigui, per a cada enter, "SÍ" si és apilable i "NO" si no és apilable.

3.9 Sumar dígits parells de $f(x)$

Sigui $f(x)$ la funció següent definida sobre el conjunt dels naturals:

$$f(x) = \begin{cases} 2x + 1 & \text{si } x \text{ és parell,} \\ 2x & \text{si } x \text{ és senar.} \end{cases}$$

Donat un valor enter positiu n, dissenyeu un algorisme que calculi la suma dels dígits parells de tota $f(x)$ per als valors $x \in \{1, \ldots, n\}$.

3.10 La pesta porcina

Dissenyeu un algorisme que, donada una seqüència de caràcters acabada en un punt, escrigui la llargada de la paraula més llarga que contingui alguna lletra 'P'. Si el text no conté cap paraula amb la lletra 'P', cal escriure 0.

Per exemple, per a l'entrada

    "LA PESTA PORCINA NO PERMET EXPORTAR   PORCS   DE CATALUNYA."

el resultat hauria de ser 8.

3.11 Leibniz i π

El matemàtic escocès James Gregory (1638–1675) va demostrar el 1671 que

$$\pi = 4 \cdot \lim_{n \to \infty} \left(1 - \frac{1}{3} + \frac{1}{5} - \frac{1}{7} + \cdots + \frac{(-1)^{n-1}}{2n-1} \right).$$

Aquesta expansió del nombre π també va ser descoberta el 1673 de forma independent per Gottfried Leibniz (1646–1716), inventor d'una de les primeres calculadores mecàniques.

Una possible manera de trobar una aproximació del nombre π consisteix a calcular π_k per a valors prou grans de k, on π_k és igual a quatre cops la suma dels k primers termes de la sèrie de Gregory–Leibniz.

Dissenyeu un subprograma (acció o funció) que, donat un valor real $\varepsilon > 0$, calculi una aproximació π_k del nombre π tal que la diferència en valor absolut entre π_k i π_{k-1} sigui inferior a ε.

4

Taules

Exercicis

Nota preliminar: La solució a aquests exercicis ha de definir-se dins d'accions o funcions. Podeu introduir accions o funcions auxiliars quan ho cregueu convenient, així com definir nous tipus si això us ajuda.

1. Donada una taula d'enters, calculeu la suma dels seus elements.

2. Donada una taula d'enters, determineu si un element donat hi apareix alguna vegada.

3. Calculeu la suma de dos vectors de N reals.

4. Calculeu el producte escalar de dos vectors de N reals.

5. Donada una cadena de caràcters, determineu si és un palíndrom o no (té els mateixos caràcters mirada d'esquerra a dreta que de dreta a esquerra). Per exemple, les paraules `anilina` o `anna` són palíndroms.

6. Donada una cadena de caràcters, determineu si la frase que hi ha guardada és sonorament palíndroma o no (sona igual llegida d'esquerra a dreta que de dreta a esquerra). Considereu que la frase està composta només de lletres minúscules i blancs que separen les paraules de la frase. Per exemple, les frases `tira'm anis a la sina, marit` o `a gava la gent nega la vaga` són sonorament palíndromes.

7. Donada una frase acabada per un punt formada només per lletres minúscules, determineu quantes vegades apareix cada lletra.

8. Un pangrama és una frase que conté totes les lletres de l'alfabet. Donada una frase acabada per un punt, formada per lletres minúscules i blancs, es demana que calculeu si és o no un pangrama. Per exemple, la frase anglesa `the quick brown dog jumps over the lazy fox` i la frase catalana `jove xef, porti whisky amb quinze glacons d'hidrogen` són pangrames.

9. Donada una paraula acabada per un punt, determineu la longitud del seu abecé més llarg. Definim com a *abecé* una seqüència de lletres consecutives de l'abecedari que apareguin en la paraula. Així, l'abecé màxim de `cabra` és 3, perquè apareixen la 'a', la 'b' i la 'c'; mentre que l'abecé màxim de `ferguson` és també 3, per les lletres 'e', 'f' i 'g', que supera l'abecé format per les lletres 'r' i 's', que també hi apareixen (els altres abecés són de longitud 1). En calcular els abecés, els repetits no compten.

10. Donades dues taules d'enters, determineu si l'una és una permutació de l'altra, és a dir, si conté els mateixos enters apareixent el mateix nombre de vegades.

11. Donada una taula d'enters, determineu si tant la sèrie de posicions parelles com la de posicions senars són creixents.

12. Donada una cadena de caràcters que són dígits (xifres) i que representa un nombre decimal, calculeu quin és aquest enter representat.

13. Donada una taula d'enters de N posicions que només conté els valors -1, 0 i 1 a les seves posicions, i donada una seqüència de N enters positius, comproveu si la seqüència segueix la forma representada a la taula. Si la posició k (amb $k > 1$) de la taula és igual a -1, ha de passar que l'element k-èsim de la seqüència sigui més petit que el $(k-1)$-èsim; si la posició k de la taula és igual a 1, ha de passar que l'element k-èsim de la seqüència sigui més gran que el $(k-1)$-èsim; i si és igual a 0, ha de passar que l'element k-èsim de la seqüència sigui igual que el $(k-1)$-èsim.

14. Dissenyeu una acció que, donades dues taules ordenades, produeixi una nova taula amb tot els elements de les taules també ordenats (fusió de taules).

15. Dissenyeu una variant de l'algorisme de fusió de dues taules en què es permetin repeticions en les taules de partida, però que asseguri que no hi ha repetits en la taula de sortida.

16. Repetiu el problema anterior per al cas particular en què els elements de les taules són precisament els enters entre 1 i N per alguna constant N, de manera que la representació es pot simplificar.

17. Quan es volen fer operacions aritmètiques amb enters molt grans, en lloc d'usar variables de tipus enter es poden representar els enters en una taula, per evitar problemes de sobreiximent. Definiu un tipus enterGran que permeti representar enters amb moltes xifres. A continuació, feu accions/funcions per sumar, restar, multiplicar i dividir (obtenir el quocient) d'enters grans. Feu també operacions de comparació.

18. Donada una matriu $M \times N$, calculeu la suma de tots els seus elements.

19. Donada una matriu $N \times N$, calculeu la suma dels elements a la seva diagonal principal. La diagonal principal d'una matriu A està formada pels elements $A_{i,i}$ per $1 \leq i \leq N$.

20. Donada una matriu $M \times N$, calculeu la seva transposada.

21. Donades dues matrius $M \times N$, calculeu la seva suma.

22. Donades dues matrius $N \times N$, calculeu el seu producte.

23. Donades dues matrius $M \times N$, determineu si són iguals.

24. Donades dues matrius $N \times N$, determineu si són simètriques (és a dir, si l'una és la transposta de l'altra).

25. Donada una matriu $M \times N$ i una matriu $N \times P$, calculeu el seu producte.

26. Donada una matriu $N \times N$, comproveu si el seu triangle superior dret és ple de zeros.

27. Donada una matriu $M \times N$, comproveu si totes les seves columnes sumen zero. Feu el mateix per a les files.

28. Donada una matriu $M \times N$, comproveu si totes les seves columnes tenen la mateixa suma. Feu el mateix per a les files.

29. Donada una matriu $N \times N$, comproveu si tots els productes escalars de la fila i-èsima amb la columna i-èsima són zero.

30. Es disposa d'una retícula de M files i M columnes en la què un geno-científic vol estudiar l'evolució d'una colònia de bactèries. En cada cel·la pot haver-hi com a molt un organisme; en conseqüència, cada bactèria té com a molt 8 veïns, residents a les cel·les adjacents a la seva. En el cas de les bactèries residents a les voreres de la retícula, el nombre potencial de veïns és encara menor, atès que té menys cel·les adjacents. La colònia va evolucionant contínuament amb els naixements i morts diàries; l'estat de la colònia al final d'un dia és funció de l'estat al final del dia anterior. Les regles que regeixen l'evolució de la colònia d'un dia per l'altre són:

    • Les bactèries amb 0 o 1 veïns moren per solitud.
    • Les bactèries amb 4 veïns o més moren per asfíxia.
    • Les bactèries amb 2 o 3 veïns sobreviuen.
    • En les cel·les buides que tenen exactament tres cel·les adjacents ocupades per bactèries, neix una bactèria nova.

    Representeu el tipus colònia mitjançant una taula bidimensional i dissenyeu una acció que es digui Evoluciona() que modifica l'estat de la colònia segons les regles anteriors. Intenteu fer l'acció sense usar cap taula auxiliar. Per últim, dissenyeu una acció que simuli l'evolució de la colònia a partir d'un estat donat com a paràmetre fins arribar a un estat estable, és a dir, un estat tal que en passar d'un dia al següent no hi ha cap naixement ni mort a la colònia (noteu que, en particular, la retícula buida és un estat estable).

31. El departament de Medi Ambient vol iniciar una campanya de recuperació dels boscos cremats. Per això, s'han creat mapes per a cada bosc cremat. Un mapa té forma de matriu gegant on a cada posició s'escriu 'V' per indicar un arbre viu o 'X' per indicar un arbre cremat. El departament de Medi Ambient considera que una fila s'ha de recuperar si almenys el 70% dels elements de la fila són cremats.

    Dissenyeu una acció o funció que, donada una matriu $M \times N$, indiqui quines files s'han de recuperar.

4.1 Sobre la taula

Contesteu les preguntes següents:

a) Donada una taula t de N enters i un enter x a cercar a la taula, quina o quines propietats de les següents s'han de complir forçosament per poder aplicar l'algorisme de cerca dicotòmica de x dins t? Recordeu que la cerca dicotòmica (també dita cerca binària), va dividint la taula en dues parts successivament:

1. Que els enters de la taula t no siguin negatius.
2. Que la taula t estigui ordenada.
3. Que N no sigui més gran que 1024.
4. Que N sigui una potència de 2.
5. Que x estigui dins de la taula t.

b) Considereu l'expressió $a + b$ **div** $t[k] - 1$ essent a, b i k tres variables enteres i t una taula de N enters.

Digueu quins errors es poden produir en avaluar l'expressió. Il·lustreu l'explicació amb exemples, donant per a cada error uns valors a les variables usades que provoquin l'error.

c) Ordeneu pas a pas el vector següent, aplicant l'algorisme d'ordenació per selecció. Concretament, dibuixeu sis vegades el vector, una per a cada pas de l'algorisme d'ordenació, mostrant el seu contingut.

8	5	6	1	7	3

d) Repetiu la pregunta anterior aplicant l'algorisme d'ordenació per inserció.

4.2   Pantans

El departament de Medi Ambient de la Generalitat de Catalunya manté informació dels seus N pantans d'aigua ($N \leq 50$) en forma d'una taula on cada component representa la quantitat (nombre enter) de litres d'aigua del pantà.

Dissenyeu una acció o funció que donada la informació dels pantans ens indiqui si hi ha una situació crítica dels recursos d'aigua a Catalunya. La situació es considera crítica si més de la meitat dels pantans estan per sota de 10000 litres.

4.3   L'Avi Pep

L'Avi Pep té un hort rectangular de N per M metres, dividit en parcel·les quadrades d'un metre quadrat, limítrof pel sud amb un riu. De tota la vida, l'Avi ha plantat una sola classe d'hortalisses a cada parcel·la (de fet, tota la comarca ho fa així). Les hortalisses que creixen en aquesta comarca són: tomàquets, enciams, bledes i raves; on representem cada hortalissa per la seva inicial. Per exemple, la producció de l'any passat de l'avi, amb $N = 6$ i $M = 4$, fou:

	1	2	3	4
1	t	t	r	t
2	–	–	–	–
3	–	–	t	–
4	t	t	r	–
5	r	e	e	–
6	r	e	–	e

t: tomàquets
r: raves
e: enciams
b: bledes
–: res (lliure)

Aconsellat per la seva jove, el Nadal passat l'Avi Pep va decidir adaptar-se als nous temps i va comprar un ordinador per mantenir informació sobre quines hortalisses estan plantades a quines parcel·les. Navegant per la pàgina de web d'Unió de Pagesos a l'Internet, l'Avi Pep s'ha assabentat que aquest estiu les bledes pujaran de preu, i que els tomàquets baixaran. Per això, l'Avi Pep vol plantar una filera sencera de bledes, tot suprimint, si cal, tomaqueres (però només tomaqueres). Però com que les bledes necessiten molta aigua i la seva esquena es ressent de portar pesos, vol que la filera de bledes es trobi el més a prop possible del riu, que està situat just a sota de la darrera fila.

Dissenyeu una acció o funció que, donada una representació de l'hort, digui si hi ha alguna filera on es puguin plantar les bledes i, en cas afirmatiu, indiqui també a quina fila ha de plantar-les.

En el cas de l'exemple, les bledes s'haurien de plantar a la fila 3, perquè la fila 3 és la més propera al riu que només conté parcel·les buides o tomaqueres.

4.4 El pàrquing

Una gran superfície comercial ofereix un pàrquing als seus clients. La informació sobre l'ocupació de pàrquing es manté mitjançant una matriu $M \times N$ ($M \leq 100$ i $N \leq 100$) cada component de la qual és **cert** si la plaça del pàrquing està ocupada i **fals** en cas contrari.

Dissenyeu una acció o funció que, donada una matriu com abans indicada, calculi el percentatge de places lliures del pàrquing i la fila més lliure.

4.5 Vols

La informació de vols entre ciutats diferents d'un país es dóna en una matriu V ($N \times N$) de components enteres, on N indica el nombre total de ciutats i l'element $V_{i,j}$ de la matriu és el temps de vol per anar de la ciutat origen i a la ciutat destí j. Quan no hi ha vol directe de la ciutat i a la ciutat j, llavors $V_{i,j}$ val 0.

a) Dissenyeu una acció o funció que, donada una ciutat origen i, indiqui el nombre de vols que surten d'aquesta ciutat cap a la resta de les ciutats.

b) Dissenyeu una acció o funció que, donades una ciutat origen i i una ciutat destí j tals que no hi ha vol directe de i a j, indiqui el vol d'una escala per anar de i a j amb temps mínim. Indicar el vol d'una escala significa trobar l'índex k de la ciutat per on passa el vol. Se suposa que sempre hi ha vols d'una escala per anar d'una ciutat i a una ciutat j.

4.6   Punt de creu

L'associació "Tot sobre el Punt de Creu" de la Iaia Dolors manté la informació de cadascun dels seus dissenys en una matriu D $(N \times M)$ de components enteres on M i N són menors que 100. Cada cel·la d'aquesta matriu representa el codi del color d'un punt del disseny (segons la carta de colors Anchor). És a dir, $D_{i,j}$ és el codi del color del punt (i,j) d'un determinat disseny.

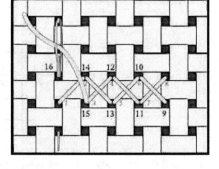

Actualment l'associació rep moltes peticions de dissenys que es puguin fer amb només dos colors concrets i, per això, la Iaia Dolors us ha encarregat que dissenyeu una acció o una funció que, donat un disseny (una matriu) i els codis de dos colors (dos enters), indiqui si el disseny es pot fer utilitzant només aquests dos colors.

4.7   Vector suma columnes

Donada una matriu A de M files i N columnes de components reals i un vector v de N components reals, dissenyeu una acció o funció que indiqui si el vector v és igual a la suma de totes les columnes de la matriu, o sigui si, per cada j, amb $1 \le j \le N$,

$$v_j = \sum_{i=1}^{M} A_{i,j}.$$

Aquí, el primer índex de la matriu indica la fila i el segon índex indica la columna.

Per exemple, si la matriu A fos

-1	2	3	12
0	4	7	13
1	1	0	0

i el vector v fos $\boxed{0 \quad 7 \quad -1 \quad 25}$, llavors la resposta seria negativa.

4.8   Files i columnes perpendiculars

Donada una matriu quadrada A $(N \times N)$ amb $N \le 50$ de components enters, dissenyeu una acció o funció que indiqui el nombre de parelles $\langle$fila, columna$\rangle$ que són perpendiculars. Una fila i és perpendicular a una columna j si el producte escalar entre elles és igual a zero, és a dir, si

$$\sum_{k=1}^{N} A_{i,k} \cdot A_{k,j} = 0.$$

4.9   El valor propi

Donada una matriu quadrada A $(N \times N)$ de components reals i un vector v de N components reals, dissenyeu una acció o funció que indiqui si el vector $u = A \cdot v$ és proporcional al vector v, és a dir si hi existeix un valor λ tal que

$$\frac{u_1}{v_1} = \frac{u_2}{v_2} = \cdots = \frac{u_N}{v_N} = \lambda.$$

El valor de proporcionalitat λ es diu valor propi de la matriu A associat al vector v. Recordeu també que el vector $u = A \cdot v$ (producte de la matriu A pel vector v) es fa de la manera següent: la seva component i-èsima u_i és el producte escalar de la fila i-èsima de A pel vector v, és a dir:

$$u_i = \sum_{k=1}^{N} A_{i,k} \cdot v_k.$$

Podeu suposar que no hi ha cap 0 en v.

4.10 La planificació de tasques

En una empresa han d'executar-se diverses tasques. Cada tasca té associada una durada expressada en minuts, i exigeix de ser executada per un treballador determinat, identificat per un enter entre 1 i N. Un treballador pot tenir la responsabilitat d'executar diverses tasques, i en aquest cas ho fa seqüencialment: quan acaba una tasca, pot començar immediatament la següent.

Feu un algorisme que llegeixi una seqüència de tasques, essent cada tasca un parell d'enters ⟨durada, treballador⟩, i que digui quants minuts són necessaris per executar el total de tasques, ateses les durades de les tasques i els treballadors que les han d'executar, i recordant que un treballador no pot estar executant més d'una tasca a la vegada. Suposeu que la seqüència acaba amb un parell 0 0.

4.11 La suma per capes

Donada una matriu quadrada $N \times N$ d'enters, dissenyeu una acció que calculi la seva suma per capes, és a dir, un vector que conté: a la primera posició, la suma dels elements de la primera capa de la matriu; a la segona, la dels de la segona capa, etc. Entenem com a capa k-èsima d'una matriu les posicions que es troben a distància $k - 1$ de la fila o columna més externa. Gràficament:

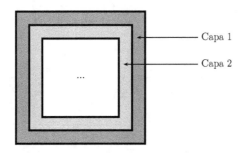

Per exemple, la suma per capes de la matriu

1	2	3	4	5	4
7	3	2	1	5	1
5	7	8	1	2	1
1	3	6	2	0	2
5	6	9	2	1	2
7	1	2	2	1	3

és el vector

59	41	17

4.12   El monitor Monocrom^{TM}

El Monocrom^{TM} és un monitor en blanc i negre de pantalla quadrada formada per una retícula de $N \times N$ píxels, cadascun dels quals pot estar de color blanc o de color negre. Per simplificar el problema, suposarem que N és una potència de 2.

El monitor mostra les figures a partir de certes ordres que rep en forma de seqüència de caràcters; els caràcters enviats actuen no sobre tota la pantalla, sinó només sobre una àrea seleccionada, que pot canviar-se mitjançant aquests caràcters. Inicialment, l'àrea seleccionada és tota la pantalla i els seus píxels estan de color blanc. El caràcter 'x' serveix per pintar l'àrea seleccionada (és a dir, posar tots els seus punts de color negre) i, immediatament, tornar a considerar com a àrea seleccionada la pantalla sencera. Finalment, els caràcters de l''1' al '4' serveixen per fer més petita l'àrea seleccionada, de manera que posteriors caràcters 'x' afectin menys punts. Concretament, aquests caràcters restringeixen l'àrea seleccionada a un dels seus quatre quadrants: 1: superior esquerre; 2: superior dret; 3: inferior dret; 4: inferior esquerre.

Així, el Monocrom^{TM} només serveix per pintar un o més quadrats; qualsevol figura complexa ha de pintar-se a trossos, seleccionant i pintant els quadrats adequats. Per dibuixar una figura com la que apareix a continuació, que té $N = 16$, cal donar en qualsevol ordre les seqüències de caràcters següents:

- Per al quadrat petit del vèrtex superior dret: `2222x`
- Per al quadrat gran del vèrtex inferior dret: `3x`
- Per al quadrat mitjà de l'esquerra: `113x`

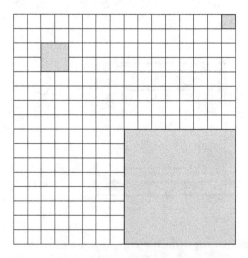

Per tant, les sis seqüències possibles de caràcters que generen aquesta figura són

```
2222x3x113x.   2222x113x3x.   3x2222x113x.
3x113x2222x.   113x2222x3x.   113x3x2222x.
```

Dissenyeu un algorisme que, donada una seqüència de caràcters acabada per un punt, sigui capaç de generar una figura segons les regles anteriors.

4.13 La codificació de missatges

L'agent secret 007 és en una perillosa missió secreta contra un dolent molt dolent en un país llunyà amb la companyia de noies espectaculars. Davant la necessitat d'enviar missatges a la seu central dels serveis secrets de Sa Majestat (de la qual en sou el cap del departament d'informàtica), 007 segueix un procediment pre-establert per codificar-los.

Per codificar un missatge (acabat per un punt), 007 deixa les tires de vocals consecutives inalterades, mentre que les tires de no-vocals les manipula en dos passos: primer, les capgira i, a continuació, mou els caràcters que ocupen posicions parells dins de la tira capgirada, darrere dels que hi ocupen posicions senars. Així, la tira de no-vocals "BCDFGHJ" es converteix en "JHGFDCB" després de la primera manipulació i en "JGDBHFC" després de la segona. Amb aquesta estratègia, el missatge

```
El meu nom es: Bond, James Bond.
```

es codifica com

```
Em leun o meB :soJ ,dnameB sodn.      — després de capgirar
Eml eun o meB: soJ,n dameBs odn.      — després de moure
```

Noteu que els blancs també es tracten com a caràcters no-vocals.

Per descodificar amb seguretat i rapidesa els missatges enviats per 007, el cap dels serveis secrets de Sa Majestat us encarrega la construcció d'un algorisme que, donat un missatge codificat, l'escrigui descodificat.

4.14 Generació de permutacions

Dissenyeu un algorisme que generi totes les cadenes de N bits començant per la $\underbrace{000\ldots0}_{N}$ fins a la $\underbrace{111\ldots1}_{N}$, ordenadament segons la seva interpretació com a nombres binaris. Per exemple, per a $N = 3$: 000 001 010 011 100 101 110 111.

4.15 El segment nul més llarg

Sigui una taula d'enters t de N posicions. Definim un segment de la taula com un tros consecutiu del vector, és a dir, un tros que va des d'una posició x a una posició y tals que $1 \leq x \leq y \leq N$. Direm que un segment de la taula és nul si la suma dels enters que hi ha a les seves posicions és 0. Dissenyeu un algorisme que calculi la longitud del segment nul més llarg d'una taula t.

Per exemple, donat el vector de la figura següent, la resposta hauria de ser 4, perquè el segment nul més llarg és el que va de la posició 2 a la 5. Hi ha altres segments nuls més curts, com ara el que va de la posició 4 a la 6.

	1	2	3	4	5	6	7	8
	1	-8	5	4	-1	-3	7	0

5

Tuples i estructures de dades

Exercicis

1. Definiu un tipus per a mantenir la informació sobre una hora del rellotge (hora, data i segons).

2. Definiu un tipus per a mantenir la informació sobre una data (dia, mes i any).

3. Definiu un tipus Complex per a manipular nombres complexos. Escriviu funcions per calcular la suma, la resta i el producte de dos complexos.

4. Definiu un tipus Racional per a manipular nombres racionals. Escriviu funcions per calcular la suma, la resta, el producte i la divisió de dos racionals.

5. Utilitzeu el tipus Racional de l'exercici anterior per dissenyar una funció que indiqui si dos racionals són iguals. Expliqueu per què, en general, no tenen sentit els operadors = i ≠ per a tuples. Feu el mateix per saber si un racional és menor a una altre i expliqueu per què, en general, no tenen sentit els operadors ≤, <, > i ≥ per a tuples.

6. Definiu un tipus Punt per mantenir les coordenades d'un punt a la pantalla d'un ordinador. A partir d'ell, definiu un tipus Finestra per mantenir la talla i posició d'una finestra rectangular (amb els seus costats paral·lels als de la pantalla). Escriviu una funció per saber si un punt donat es troba dins d'una finestra donada.

7. Definiu un tipus Punt per mantenir les coordenades d'un punt a l'espai. Dissenyeu una funció que donats dos punts calculi la distància de l'un a l'altre. Utilitzeu la funció `sqrt` de la llibreria `math.h` per calcular arrels quadrades.

8. Utilitzant el tipus Punt de l'exercici anterior, definiu un tipus Recta per mantenir la informació d'una recta, passant per dos punts diferents. Dissenyeu una funció que, donades dues rectes, digui si són la mateixa, si són paral·leles o si s'intersequen.

9. Definiu un tipus enumerat pels possibles estats d'un semàfor.

10. Definiu un tipus enumerat per l'estat civil d'una persona (solter, casat, divorciat, separat, vidu).

11. Definiu un tipus enumerat pels dies de la setmana.

12. Una botiga de discos vol informatitzar el seu catàleg. La botiga compta amb un fons de com a molt 10000 discos diferents. Per a cada disc, es vol saber la seva categoria, el seu títol, el seu compositor, el seu intèrpret, el nombre d'unitats en estoc i el seu preu. Les categories possibles són: simfonia, òpera, concert per a piano o quartet de cordes.

    - Dissenyeu les estructures de dades necessàries.
    - Dissenyeu una acció que llisti tots els títols d'una categoria donada.
    - Dissenyeu una funció que compti quantes unitats hi ha en estoc per a un compositor i un preu màxim donats.

13. Podem representar els polinomis de coeficients enters sobre una variable amb una taula de $N + 1$ posicions, on la posició k-èsima conté el coeficient del terme elevat a k. Per exemple, si $N = 5$, la representació de $p(x) = 4x^5 + 3x^3 + 2x - 4$ és:

0	1	2	3	4	5
-4	2	0	3	0	4

    (a) Representeu el tipus polinomi.

    (b) Feu accions/funcions per sumar, restar, multiplicar i derivar polinomis. Suposeu en tots els casos que amb $N + 1$ posicions es pot representar el resultat.

    (c) Feu una funció que avaluï el polinomi en un punt donat.

14. Una representació alternativa per als polinomis consisteix en que cada posició contingui un parell d'enters (coeficient, exponent). Aquesta tècnica és especialment indicada quan els termes del polinomi tenen exponents molt diferents. Ara la dimensió N de la taula representa el nombre màxim d'exponents diferents que pot tenir el polinomi. Per exemple, si $N = 6$, una representació de $p(x) = 7x^{45} + 3x^{12} + 2$ és:

1	2	3	4	5	6
7	3	2	—	—	—
45	12	0	—	—	—

Noteu que caldrà saber d'alguna manera on acaba el tros ocupat de la taula.

    (a) Representeu el tipus polinomi.

    (b) Feu accions/funcions per sumar, restar, multiplicar i derivar polinomis. Suposeu en tots els casos que amb $N+1$ posicions es pot representar el resultat.

    (c) Feu una funció que avaluï el polinomi en un punt donat.

15. Repetiu el problema anterior considerant que els termes sempre estan ordenats per exponent dins de la taula.

16. Podem representar les matrius quadrades de components reals amb taules bidimensionals.

(a) Representeu el tipus matriu quadrada $N \times N$.

(b) Feu accions/funcions per sumar, restar, multiplicar, calcular inverses i traspostes, i determinants de les matrius quadrades $N \times N$.

(c) Feu funcions per determinar si una matriu quadrada és simètrica, triangular o diagonal.

17. Anomenem *matrius disperses* aquelles matrius que tenen moltes posicions a zero. En aquest cas, la representació suggerida en el problema anterior és molt ineficient perquè té molt espai desaprofitat. Així, és millor guardar en una taula unidimensional triplets ⟨fila, columna, valor⟩, de manera que la taula conté tots els valors diferents de zero de la matriu. Així, la taula:

1		2		3		4	5	6
4	3	2	5	7	8	—	—	—
12		6		−2				

representa una matriu quadrada que només té tres posicions diferents de zero: la (4, 3), que val 12; la (2, 5), que val 6; i la (7, 8), que val -2. Repetiu els tres apartats del problema anterior per a aquest cas.

18. Els conjunts d'enters es poden representar mitjançant taules, que poden ser ordenades o no. Per a tots dos casos, us demanem que:

(a) Representeu el tipus conjunt. Suposeu que el nombre màxim d'elements en el conjunt és N.

(b) Feu accions/funcions per a afegir elements, esborrar-ne, comprovar la pertinença i calcular unions i interseccions.

19. El Departament de Turisme de Catalunya vol fer una campanya de publicitat arreu del món sobre la gastronomia catalana i, en particular, per explicar que bo que és el pa amb tomàquet, la botifarra blanca i les anxoves de l'Escala. Per això, vol mantenir informació sobre les pàgines d'Internet que contenen un enllaç a la *web* de la Generalitat.

La informació associada a una pàgina consta de la seva adreça http del país al qual pertany la pàgina, de la seva data de creació i del nom de l'autor de la pàgina. Per a cada país, es vol mantenir el seu nom, a quin continent pertany, la seva població, la seva renda per càpita, i si cal o no visat per entrar a Catalunya. Per a cada autor, es vol conèixer el seu nom i cognom, la seva adreça de correu electrònic, el seu telèfon i el seu fax.

Dissenyeu una estructura de dades adient, sabent que es mantindrà informació per un màxim de 20000 pàgines, un màxim de 5000 autors i un màxim de 200 països.

5.1   La farmacèutica de Sant Cugat

Una coneguda farmacèutica de Sant Cugat desitja mantenir informació sobre els productes de la seva farmàcia. La farmàcia emmagatzema com a molt 10000 fàrmacs subministrats per un màxim de 20 distribuïdors diferents. Cada fàrmac té un nom, un codi de barres, un preu de venda, una data de fabricació, una data de caducitat, pot ser genèric o no, i ha estat subministrat per un únic distribuïdor. Els fàrmacs pertanyen a una sola de les categories següents: psicotròpics, dermatològics, calmants i lavatives. Es vol saber també a quin armari estan guardats cada un dels diferents fàrmacs i quantes unitats n'hi ha. Els armaris es troben identificats per un enter. Per a cada un dels diferents distribuïdors, la farmacèutica vol saber el seu nom, la seva adreça de correu electrònic i el seu número de telèfon.

Dissenyeu les estructures de dades necessàries per mantenir tota aquesta informació.

5.2   El parc mòbil d'Igualada

L'Ajuntament d'Igualada vol mantenir informació del seu parc mòbil, dels conductors empadronats al municipi i de les infraccions que es cometen a la ciutat.

El parc mòbil d'Igualada té un màxim de 5000 vehicles. Per a cada vehicle es vol mantenir la seva matrícula, la classe de vehicle (motocicleta, turisme, vehicle pesat), la marca, el model i qui n'és el propietari. L'ajuntament cataloga els vehicles en tres classes que són: motocicleta, turisme i vehicle pesat.

Per a cada conductor es vol tenir el DNI, el nom, el primer cognom, el segon cognom, l'adreça, la població, el codi postal, la data de naixement i les categories de vehicles que pot conduir (hi ha un total de 12 categories del permís de conduir enumerades de la següent manera: A1, A, B, C1, C, D1, D, E_B, E_C1, E_C, E_D1 i E_D).

L'Ajuntament d'Igualada té un màxim de 10000 conductors empadronats. El nombre d'infraccions a Igualada no supera les 10000 i per a cada una d'elles es vol mantenir el codi de la infracció, l'import de la multa, la matrícula del vehicle i el conductor que ha comès la infracció.

Dissenyeu les estructures de dades necessàries per mantenir tota aquesta informació.

5.3   La biblioteca de Castelldefels

Una biblioteca de Castelldefels vol mantenir informació sobre com està organitzada l'exposició del seu material bibliogràfic.

La biblioteca només té publicacions de tres tipus: ciència, literatura i esport. Aquestes publicacions estan repartides en diferents plantes. Cada planta té associat un número i un nom de planta, i està dedicada exclusivament a un dels tres tipus de publicació.

De cadascuna de les publicacions cal mantenir un codi que l'identifica, el nom de la publicació, el nom del primer autor i el nombre de pàgines. Addicionalment, cada publicació està catalogada com un dels tres tipus de publicació. A més a més, la biblioteca té un cert nombre d'exemplars de cada publicació (s'ha de mantenir quants en té), i pot estar exclosa de préstec o no.

La biblioteca també vol saber on és físicament cada publicació, sabent que tots els exemplars d'una mateixa publicació són a la mateixa planta.

Per a cada autor la biblioteca vol saber el seu nom, la seva nacionalitat, el nombre de publicacions de què disposa la biblioteca d'aquest autor i la data de naixement.

Dissenyeu les estructures de dades adients, sabent que la biblioteca té 10 plantes i que es mantindrà informació d'un màxim de 100000 publicacions diferents i d'un màxim de 1000 autors diferents.

5.4 La Universitat de Mataró

La universitat de Mataró vol mantenir informació sobre els seus departaments. Els departaments tenen un codi (enter), un nom i pertanyen a una branca del saber que pot ser ciència, literatura o art. Els departaments s'organitzen en seccions. Cada una d'elles també té un codi i un nom, a més del nombre de professors assignats. Les seccions es poden dedicar a la recerca, a la docència o a ambdues tasques. Cal tenir en compte que una secció només pot pertànyer a un departament. La universitat té, com a molt, 20 departaments i 80 seccions.

Dissenyeu les estructures de dades necessàries per mantenir aquesta informació.

5.5 L'associació de titulats

L'associació de titulats de la vostra escola vol mantenir informació dels titulats per a una borsa de treball. Per a cada titulat es volen les seves dades personals, acadèmiques i laborals.

Les dades personals consten del DNI, el nom, el primer cognom, el segon cognom, la data de naixement, l'adreça i el telèfon de contacte. Les dades acadèmiques consten del nom de l'especialitat (Tèxtil, Química, Mecànica, Electricitat, Electrònica i SolImatge), l'any de titulació, la nota final de carrera i informació sobre el seu projecte final de carrera. Aquesta informació consta del títol, la nota i el nom del departament en el qual es va fer. Les dades laborals consten del fet d'estar aturat o no, del fet d'estar disponible a viatjar o no i del sou mínim mensual al qual aspira.

Dissenyeu les estructures de dades necessàries per mantenir aquesta informació sabent que com a molt hi ha 10000 titulats.

5.6 La xarxa de concessionaris

L'empresa que gestiona una xarxa de concessionaris de cotxes vol informatitzar-se. Actualment la xarxa consta de N concessionaris i l'empresa en preveu un màxim de 50 per a tot el territori.

Per a cada concessionari es volen mantenir les dades pròpies del concessionari (el seu codi, adreça, telèfon, nom), la informació dels seus empleats, el nombre de cotxes en estoc i els clients que té.

Dels empleats es volen mantenir les seves dades personals (nom, cognoms, DNI, data naixement, telèfon, adreça), data entrada a l'empresa i departament on treballa (vendes, taller o administració).

Per a cada cotxe que el concessionari té en l'estoc es mantenen les dades següents: Número de bastidor, nom del model, preu, color i si està venut o no. I per a cada client es mantenen també les seves dades personals (nom, cognoms, DNI, data de naixement, telèfon de contacte, adreça), quants cotxes de la marca ha comprat i el nom del model i la data del darrer cotxe de la marca que ha comprat.

Dissenyeu les estructures de dades necessàries per mantenir aquesta informació.

5.7   El museu de pintura

Un important museu de pintura vol mantenir informació sobre com està organitzada l'exposició dels seus quadres.

El museu exposa els seus quadres repartits en 20 pavellons. Cada pavelló consta de diverses sales (s'ha de mantenir quantes en té), té un codi que l'identifica, un nom i està dedicat a una escola. El museu només exposa quadres de les escoles següents: Surrealista, impressionista, cubista i renaixentista.

Cadascun dels quadres exposats té un codi que l'identifica, un nom, un únic autor, un valor, unes mides (tots els quadres són rectangulars i les seves mides s'expressen en cm.), pot ser una reproducció o un original i pertany a una única escola; es vol saber també a quin pavelló està exposat. El museu té com a molt 1000 quadres d'un màxim de 100 autors diferents.

Per cadascun dels diferents autors el museu vol saber el seu nom, la seva nacionalitat, el nombre de quadres que té d'aquest autor, la data de naixement i la data de defunció (en cas que estigui viu el museu marca la data de defunció amb un valor especial).

Dissenyeu les estructures de dades necessàries per mantenir tota aquesta informació.

5.8   Províncies

Considereu la definició de tipus següent per representar la informació d'un estat organitzat jeràrquicament en comunitats i províncies:

```
const int MAX_COM = 50;
const int MAX_PROV = 10;

struct Provincia {
    string nom;                   // Nom de la província
    string cap;                   // Capital de la província
    int habs;                     // Nb dels habitants de la província
};

struct Comunitat {
    string nom;                   // Nom de la comunitat
    string cap;                   // Capital de la comunitat
    int np;                       // Nombre de províncies de la comunitat
    Provincia tp[MAX_PROV];       // Províncies dins la comunitat
    double sup;                   // Superfície en $Km^2$
};

struct Estat {
```

```
        string nom;            // Nom de l'estat
        string cap;            // Capital de l'estat
        int nc;                // Nb de comunitats dins l'estat
        Comunitat tc[MAX_COM];
    };
```

a) Dissenyeu una funció que, donat un estat, calculi la seva densitat (nombre d'habitants per quilòmetre quadrat).

b) Dissenyeu una acció que, donat un estat i un enter h, escrigui el nom de totes les comunitats amb més de h habitants.

5.9 L'hospital de Manresa

L'Hospital Clínic de Manresa manté la informació dels malalts i de les malalties que tracta mitjançant la següent estructura de dades:

```
    const int MAX_MALALTIES = 500;
    const int MAX_MAL_PAC = 500;
    const int MAX_MALALTS = 50;

    struct MalaltiesPacient {
        int codisMalalties[MAX_MAL_PAC];
        int nMalaltiesPacient;
    };

    struct Malalt {
        int numeroSeguretatSocial;
        string nom;
        MalaltiesPacient malalties;
    };

    struct Malaltia {
        int codi;
        string nom;
        bool greu;
    };

    struct Malalts {
        Malalt malalts[MAX_MALALTS];
        int nMalalts;
    };

    struct Malalties {
        Malaltia malalties[MAX_MALALTIES];
        int nMalalties;
    };

    struct Hospital {
```

```
      Malalts malalts;
      Malalties malalties;
};
```

Es demana:

a) Dissenyeu una acció o una funció que, donada la informació de l'hospital i el codi d'una malaltia, calculi el nombre dels malalts que la pateixen.

b) Dissenyeu una acció o una funció que, donada la informació de l'hospital, indiqui el codi de la malaltia greu més freqüent a l'hospital.

5.10   Polinomis

Es volen fer unes accions i funcions per a la manipulació de polinomis d'una variable, coeficients enters, i exponents enters no negatius. És sabut que el nombre de termes amb coeficients diferents de zero mai no serà més gran que 100, si bé l'exponent més gran pot ser arbitràriament gran. Un exemple en seria el polinomi $p(x) = 45x^5 + 4 - 3x^{125}$.

Es demana:

a) Escriviu una representació per al tipus polinomi. Expliqueu clarament com es comporta aquesta representació. Mostreu com es representa el polinomi $p(x) = 45x^5 + 4 - 3x^{125}$ usant aquesta representació.

b) Escriviu una acció per a la suma de dos polinomis $p(x)$ i $q(x)$. Podeu suposar que el nombre de termes de $p(x) + q(x)$ amb coeficients diferents de zero mai no serà més gran que 100.

c) Escriviu una funció que avaluï un polinomi en un punt.

En el càlcul del resultat només podeu utilitzar operacions aritmètiques bàsiques (sumes, restes, productes i divisions); qualsevol altre operador que pugueu necessitar l'haureu de definir vosaltres.

6

Disseny descendent

Exercicis

1. Un videoclub us demana que dissenyeu un algorisme que, a partir d'una seqüència (acabada per un 0) amb els números de carnet de soci dels llogaters de pel·lícules (enters positius entre 1 i N), doni com a sortida la seqüència de números de carnet de socis que han llogat exactament una pel·lícula, i també el soci que ha llogat més pel·lícules.

2. Una empresa es dedica a la venda de productes. L'empresa enregistra en una seqüència d'enters (marcada amb un -1) les vendes fetes el darrer mes als seus clients. Concretament, per a cada client surten les seves vendes una darrera de l'altra, que són parells d'enters codi de producte i quantitat (tots aquests enters són positius; els codis de producte estan entre 1 i N). Les vendes d'un client acaben quan es troba un codi de client igual a 0.

   Per exemple:

   124 39 10 44 8 39 15 0 112 44 34 22 67 44 78 23 75 0 -1

   conté vendes per als clients 124 i 112. Per al 124, hi ha vendes del producte 39 (10 unitats), 44 (8 unitats) i 39 (15 unitats). Per al 112, hi ha vendes del producte 44 (34 unitats), 22 (67 unitats), 44 una altra vegada (78 unitats més) i 23 (75 unitats). Totes les vendes fetes a un client estan agrupades.

   Dissenyeu un algorisme que primer, calculi l'import total de les vendes dels clients i, després, la quantitat venuda de cada producte que apareix a la seqüència. Per saber el preu d'un producte, podeu usar una funció Preu() que, donat un codi de producte, en retorna el seu preu.

3. Considereu la definició de tipus següents per a mantenir les notes dels alumnes d'una acadèmia:

   ```
   const int MAX_AL = 30;
   ```

```
struct Alumne {
    string nom;
    double nota;
};

struct LlistaAlumnes {
    Alumne t[MAX_AL]; // Taula d'alumnes
    int n;            // Nombre d'alumnes
};
```

Definiu dues accions per ordenar una llista d'alumnes:

- Una acció per ordenar de la nota més alta a la més baixa.
- Una altra acció per ordenar alfabèticament per nom.

6.1 Departaments

Considereu l'estructura de dades següent que manté una empresa sobre els seus departaments i empleats:

```
const int MAX_DEPT = 30;
const int MAX_EMPL = 10000;

struct Empleat {
    string DNI;
    string id;
    int dep; // Codi del seu departament
    bool baixa;
};

struct LlistaEmpleats {
    Empleat empleats[MAX_EMPL];
    int nEmpl;
};

struct Departament {
    int codi;
    string nom;
    int cap; // Posició que ocupa el cap a la taula d'empleats
};

struct LlistaDepartaments {
    int nDep;
    Departament depts[MAX_DEPT];
};

struct Empresa {
    LlistaEmpleats e;
    LlistaDepartaments d;
};
```

a) Dissenyeu una funció que, donat un paràmetre de tipus *Empresa* i un altre paràmetre que indica el codi d'un departament, indiqui si el cap del departament corresponent al codi està de baixa o no.

b) Dissenyeu una funció que, donat un paràmetre de tipus *Empresa* i un altre paràmetre que indica el codi d'un departament, indiqui el percentatge d'empleats del departament corresponent al codi que estan de baixa.

6.2 La immobiliària de Canet de Mar

La immobiliària *"Welcome"* de Canet de Mar manté informació sobre els pisos que gestiona. Per a cada pis manté el codi del districte en què està situat, els metres quadrats que té, si és de lloguer o de venda i el seu preu (si és de venda, el preu de venda i si és de lloguer, el preu mensual de lloguer). De tant en tant l'empresa vol fer estadístiques sobre quants pisos té en cadascun dels diferents districtes i vol poder guardar aquesta informació.

Les estructures de dades que utilitza l'empresa per emmagatzemar tota aquesta informació són:

```
const int MAX_PISOS = 1000; // Màxim nombre de pisos
const int MAX_DISTR = 50;   // Màxim nombre de districtes

enum Estat {venda,lloguer};

struct Pis {
    int metresQ;
    int codiD;
    double preu;
    Estat estat;
};

struct LlistaPisos {
    Pis pisos[MAX_PISOS];
    int nPisos;
};

struct Districte {
    int codiD; // Codi del districte
    int q;     // Quantitat de pisos
};

struct LlistaDistrictes {
    Districte districtes[MAX_DISTR];
    int nDistrictes;
};
```

Es demana que:

a) Dissenyeu una acció que, donada la informació dels pisos, el codi d'un districte, una superfície mínima (en metres quadrats) i un preu màxim, escrigui tota la informació de tots els pisos de venda que compleixen aquests requisits.

b) Dissenyeu una acció o funció que, a partir de la informació dels pisos, ompli l'estadística dels districtes.

6.3   El control d'accés

Una empresa manté, per raons de seguretat, informació sobre qui pot accedir a les seves sales. L'empresa té un total de 70 portes que permeten accedir a les seves 43 diferents sales. L'empresa assigna prioritats als seus empleats i a les seves sales de manera que un empleat només pot accedir a una sala si la seva prioritat és superior o igual a la prioritat de la sala i, a més a més, no ha caducat, ja que la prioritat d'un empleat té associada una data de caducitat. Les estructures de dades que utilitza l'empresa per mantenir aquesta informació són:

```
const int MAX_EMPL = 1000;
const int MAX_PORT = 70;
const int MAX_SALES = 43;

struct Data {
    int dia, mes, any;
};

struct Permis {
    int prioritat;
    Data dataCaducitat;
};

struct Empleat {
    int codi;
    string nom;
    Permis permis;
};

struct Porta {
    int codiPorta;
    int codiSala; // Codi de la sala a què dóna accés la porta codiPorta
};

struct Sala {
    int codiSala;
    int prioritat;
};

struct LlistaEmpleats {
    Empleat empleats[MAX_EMPL];
    int nEmpleats;
};
```

```
struct Empresa {
    LlistaEmpleats empleats;
    Porta portes[MAX_PORT];
    Sala sales[MAX_SALES];
};
```

Dissenyeu una acció o una funció que, donat el codi d'una porta, el codi d'un empleat i la data actual, indiqui si l'empleat pot passar per aquesta porta o no (l'empleat pot passar si té la prioritat suficient per a accedir a la sala a què dóna accés la porta).

6.4 Coixos F.C.

El club de futbol Coixos (Coixos F.C.) manté informació sobre les seves necessitats de jugadors de cara a la temporada vinent, informació sobre els altres clubs existents i sobre els jugadors d'aquests clubs. Les estructures de dades que es consideren són:

```
const int MAX_TRANS = 30;
const int MAX_JUG   = 300;
const int MAX_NEC   = 11;
const int MAX_CLUB  = 30;

struct Jugador {
    int codiJugador;
    string nom;
    int lloc;          // Posició de joc: de 1 a MaxNec
    int codiClub;
    int Puntuacio;     // Valor del jugador segons la Federació
};

struct Transferible {
    int codiJugador;
    int preu;          // Preu per transferir-lo en milions deuros
};

struct LlistaTransferibles {
    Transferible transferibles[MAX_TRANS];
    int nTransferibles;
};

struct Club {
    int codiClub;
    string nom;
    LlistaTransferibles transferibles;
};

struct Necessitat {
    int lloc;
    int PuntuacioMinima;
};
```

```
struct LlistaClubs {
    Club clubs[MAX_CLUB];
    int nClubs;
};

struct LlistaJugadors {
    Jugador jugadors[MAX_JUG];
    int nJugadors;
};

struct LlistaNecessitats {
    Necessitat necessitats[MAX_NEC];
    int nNecessitats;
};

struct LlistaFitxatges {
    Transferible fitxatges[MAX_NEC];
    int nFitxatges;
};

struct InformacioClub {
    LlistaNecessitats necessitats;
    LlistaClubs clubs;
    LlistaJugadors jugadors;
    LlistaFitxatges fitxatges;
};
```

a) Dissenyeu una acció o funció que, donada una llista de clubs (de tipus tLlistaClubs), el codi d'un jugador i el codi del seu club, digui si el jugador és transferible o no, i, en cas afirmatiu, el seu preu.

b) Dissenyeu una acció o funció que, donada una llista de jugadors (de tipus tLlista-Jugadors), una llista de clubs (de tipus tLlistaClubs), una puntuació mínima per jugadors i un lloc de joc, trobi el codi i el preu del jugador transferible que costi menys amb una puntuació major o igual que l'exigida per jugar en el lloc demanat.

Notes:

- El preu màxim d'una transferència és de 30 milions.
- Doneu el primer jugador que ho compleix.
- Se suposa que sempre hi haurà algun jugador.

c) Dissenyeu una acció que donada la informació del club ompli el seu camp *Fitxatges* amb la informació dels jugadors que cobreixin les necessitats del club amb el cost més baix possible.

6.5   Vendes d'una empresa

Dissenyeu un algorisme que processi una seqüència que conté informació sobre les vendes d'una empresa, i que en tregui unes estadístiques finals.

L'entrada de l'algorisme sumaritza les vendes de l'empresa. Cada venda consta de diversos enters. El primer enter és el codi de producte, a continuació el codi del client, el nombre d'unitats venudes i finalment el preu; tots aquests valors són majors o iguals que zero; en concret, el codi de client és un enter entre 1 i 1000. Si el preu és igual a zero, està representant que el producte és un obsequi de l'empresa a un client. Si el producte l'han comprat diversos clients, els tres enters (codi client, nombre unitats i preu de compra) es repeteixen tantes vegades com calgui. La compra acaba amb un −1. Igualment, el −1 s'utilitza com a marca de fi de seqüència.

Un exemple d'entrada vàlida seria:

```
3  15  3  100  8  1  110  -1  12  8  2  5  10  4  0  -1  -1
```

És a dir, s'han venut dos productes, que tenen el codi 3 i 12. El producte 3 s'ha venut a dos clients diferents, el 15 i el 8; el 15 ha comprat 3 unitats a 100 euros i el 8, 1 unitat a 110 euros. El producte 12 s'ha venut també a dos clients diferents, el 8 i el 10. El 8 n'ha comprat 2 unitats a 5 euros, mentre que el 10 en realitat no ha comprat el producte, sinó que l'empresa l'ha obsequiat amb 4 unitats.

Podeu suposar que les dades d'entrada són correctes (compleixen l'estructura i valors que s'han esmentat a dalt). D'altra banda, suposeu que un mateix codi de producte només apareix una única vegada en tota la seqüència.

L'algorisme ha de donar com a resultat la informació següent:

- Primer, una seqüència amb els mateixos productes que a l'entrada, en el mateix ordre, i que digui, per a cada producte, el preu final del conjunt de totes les vendes.

- A continuació, una seqüència (que no cal que estigui ordenada) amb tots els codis de clients que han efectuat compres que han aparegut a l'entrada (i només aquests) i, per a cadascun, el nombre d'unitats de productes comprats de tota mena, sense incloure les unitats rebudes com a obsequis de l'empresa.

Per exemple, per a la seqüència d'entrada mostrada més amunt, una sortida vàlida és

```
3  410  12  10  15  3  8  3
```

És a dir, el preu total de les vendes del producte 3 és de 410 euros i el del producte 12, 10 euros. El client 15 ha comprat 3 unitats de productes, i el 8 també 3. Noteu que el client de codi 10 no apareix, perquè en realitat no ha comprat cap producte, sinó que només ha rebut obsequis. Escriure els clients en un ordre diferent també seria una altra sortida vàlida.

6.6 El centre de traduccions Que diu que què

El centre de traduccions *Que diu que què* fa traduccions de textos científics i literaris entre els idiomes següents: albanès, alemany, anglès, català i castellà.

El centre disposa de traductors experts. La informació sobre un traductor inclou el seu codi, el seu nom, el domini del qual pot fer traduccions (científiques i literàries), el nombre de traduccions assignades, i, finalment, un vector de components lògiques indexat sobre {albanès, ..., castellà}, on el valor d'una component indica si el traductor sap traduir l'idioma corresponent a la component.

Sobre els textos a traduir es manté el seu codi, el seu títol, el nombre de planes que té, l'idioma en què està escrit (idioma origen) i el domini al qual pertany.

Una traducció a fer s'especifica mitjançant el codi del text i l'idioma en què s'ha de traduir (idioma destí). Una traducció s'assigna a un dels traductors, i per guardar aquesta informació s'anota el codi del text l'idioma al que s'ha de traduir i el codi del traductor.

El centre cobra les traduccions per planes i per tant té un preu per plana. Se suposa que el centre té com a molt 50 traductors, un màxim de 100 textos a traduir, com a molt 300 traduccions a fer i per tant hi ha com a molt 300 assignacions.

L'estructura de dades per mantenir tota la informació necessària del centre es dóna a continuació:

```
enum Idioma {albananes=0, alemany, angles, catala, castella};

enum Domini {cientific=0, literari};

struct Traductor {
    int codi;
    string nom;
    bool idiomes[castella+1];
    int nTradAssignades;
    Domini domini;
};

struct Text {
    int codi;
    string titol;
    tIdioma idiomaOrig;
    int nPlanes;
    tDomini domini;
};

struct Traduccio {
    int codiText;
    Idioma idiomaDesti;
};

struct Assignacio {
    int codiText;
    Idioma idiomaDesti;
    int codiTraductor;
};

typedef Traductor TaulaTraductors[MAX_TRADUCTORS];

struct LlistaTraductors {
    TaulaTraductors traductors;
    int nTraductors;
};
```

```
typedef Text TaulaTextos[MAX_TEXTOS];

struct LlistaTextos {
    TaulaTextos textos;
    int nTextos;
};

typedef Traduccio TaulaTraduccions[MAX_TRADUCCIONS];

struct LlistaTraduccions {
    TaulaTraduccions traduccions;
    int nTraduccions;
};

typedef Assignacio TaulaAssignacions[MAX_ASSIGNACIONS];

struct LlistaAssignacions {
    TaulaAssignacions assignacions;
    int nAssignacions;
};

struct Centre {
    LlistaTraductors traductors;
    LlistaTextos textos;
    LlistaTraduccions traduccions;
    LlistaAssignacions assignacions;
    double preuPlana;
};
```

Sobre les estructures de dades anteriors, es demana que:

a) Dissenyeu una acció o funció que, donada una traducció, la informació dels textos i el preu per plana, calculi el cost de la traducció.

b) Dissenyeu una funció que, donat un idioma d'origen, un de destí, un domini i la informació dels traductors, retorni el codi del traductor amb menor nombre de treballs assignats entre aquells que poden fer la traducció, del domini especificat, entre els dos idiomes.

c) Dissenyeu una acció que assigni les traduccions als traductors. Una assignació es fa atorgant la traducció a aquell traductor que té menys treballs assignats.

6.7 El quadrat màgic

Un *quadrat màgic* d'ordre N és un arranjament dels enters 1 a N^2 en un quadrat $N \times N$ on la suma dels números de cada fila, de cada columna i de les dues diagonals principals és la mateixa. La figura següent mostra dos exemples de quadrats màgics d'ordre 3 i 6:

28	4	3	31	35	10
36	18	21	24	11	1
7	23	12	17	22	30
8	13	26	19	16	29
5	20	15	14	25	32
27	33	34	6	2	9

4	9	2
3	5	7
8	1	6

Un dels quadrats màgics més antics que es coneixen és el quadrat de Lo Shu (diagrama del riu Lo). Segons la llegenda xinesa, aquest quadrat màgic va ser vist per un nen a la closca d'una tortuga que va aparèixer en una crescuda del riu. La figura següent representa la tortuga de Lo Shu, amb el quadrat màgic d'ordre 3 anterior.

Els quadrats màgics han estat sovint utilitzats com a talismans, per ajudar en els parts, per guarir picades d'insectes o per curar malalties. S'han trobat molts quadrats màgics gravats en plats, copes, medallons o monuments. Per exemple, podeu trobar un altre quadrat màgic a la façana oest de la Sagrada Família de Gaudí.

Dissenyeu una funció que, donada una taula de $N \times N$ enters, indiqui si representa un quadrat màgic o no.

6.8 El traductor automàtic

Dissenyeu un algorisme que faci una traducció d'un text del català a l'anglès i tregui unes estadístiques finals.

L'entrada de l'algorisme consta de dues parts:

- Primer, hi haurà una seqüència de parells de paraules que defineix un diccionari. La primera paraula de cada parell està en català i la segona en anglès. El diccionari acaba amb la paraula "###". La seqüència no està ordenada. Cap paraula catalana apareixerà més d'una vegada en el diccionari.

- A continuació, hi haurà un text, acabat amb la paraula "###", escrit íntegrament en català.

L'algorisme ha d'escriure tres informacions, en l'ordre següent:

- El text traduït a l'anglès, segons la informació donada pel diccionari inicial. Les paraules que no apareguin al diccionari es tradueixen a la sortida per "???".

- Les paraules catalanes del text que no apareixien en el diccionari ordenades alfabèticament i sense repeticions.

- Les paraules catalanes presents en el diccionari i que apareixen més d'una vegada en el text que s'ha traduït.

Les paraules estaran sempre en majúscules, sense signes de puntuació, separades per blancs. A la sortida, sempre s'escriurà un únic blanc després de cada paraula, i un punt al final de cadascuna de les tres parts de la sortida. Podeu suposar que el nombre màxim de paraules del diccionari és 100, i que el nombre màxim de paraules en el text d'entrada és 1000.

Així, per a l'entrada següent:

```
MEU MY
RIC RICH
POBRE POOR
SASTRE TAYLOR
###
EL MEU SASTRE ES RIC ES MOLT RIC
###
```

la sortida hauria de ser:

```
??? MY TAYLOR ??? RICH  ??? ??? RICH . EL ES MOLT . RIC .
```

6.9 Els gratacels de Terrassa

L'ajuntament de Terrassa ha aprovat la construcció del nou campus de la UPC als afores de la ciutat. Atesa la seva intensa activitat investigadora i docent, el projecte arquitectònic del campus inclou molts gratacels, i ara es vol comprovar que el disseny sigui respectuós amb el medi, estudiant que la silueta del barri satisfaci certs requisits estètics. Dissenyeu un algorisme que, a partir de les coordenades bidimensionals dels gratacels (amplada, entre 1 i N; alçada, enter estrictament positiu), determini la silueta del barri (el que en anglès s'anomena *skyline*).

A la figura següent es mostren uns gratacels individuals i, a continuació, la silueta del barri. Noteu que la silueta és una representació bidimensional del barri; aquesta és la raó per la qual en el dibuix superior els gratacels semblen encavallar-se. Cada gratacel està compost d'una sèrie de trams d'alçades diferents. Suposem que la base de tots els gratacels està situada en el mateix pla horitzontal (el terreny escollit s'aplanarà abans d'edificar).

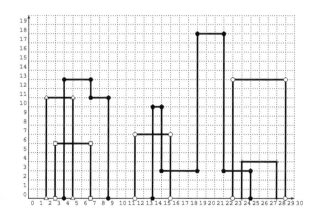

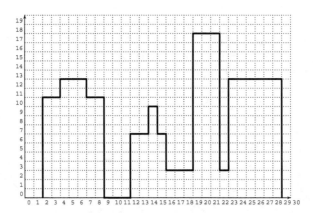

L'entrada és una seqüència de gratacels acabada per un zero. Cada gratacel es defineix pels parells (coordenada horitzontal, alçada) on hi ha un canvi d'alçada. A més, sempre apareixen els punts més a l'esquerra i més a la dreta dels gratacels. Cada gratacel acaba per un –1. Per exemple, el dibuix anterior es pot representar per la seqüència:

```
 3   6   7   6  -1  14  10  15   3  19  18  22   3  25   3  -1
12   7  16   7  -1  23  13  29  13  -1   2  11   5  11 -1
24   4  28   4  -1   4  13   7  11   9  11  -1   0
```

La sortida ha de ser una llista amb la coordenada horitzontal i l'alçada dels punts on es produeix un canvi d'alçada en la silueta, ordenats d'esquerra a dreta. Ha d'aparèixer el punt corresponent a la coordenada horitzontal 1. Per a l'exemple anterior:

```
1,0 2,11 4,13 7,11 9,0 12,7 14,10 15,7 16,3 19,18 22,3 23,13 29,0
```

7

Projectes

7.1 Borsa

El banc "Màxim Benefici" us demana que dis-
senyeu un programa que analitzi l'evolució dels
valors borsàtils d'un conjunt d'empreses que co-
titzen en el mercat en un període de temps do-
nat.

El programa disposarà a l'entrada d'una seqüència
ordenada cronològicament de conjunts de valors
cotitzats en un dia concret. Cada conjunt de
valors cotitzats té la seva corresponent data de
cotització i, seguidament, una successió de noms d'empreses amb els corresponents valors
cotitzats. La successió acaba amb una "empresa sentinella" anomenada "Fi" sense cap
valor cotitzat.

A la sortida del programa, el banc vol que per a cada empresa present a la seqüència surti
el seu nom d'empresa, seguit del valor mínim cotitzat amb la data de quan ha succeït, el
valor màxim cotitzat amb la data quan ha esdevingut, el percentatge de revaloració i el
comportament del valor. Les empreses poden sortir en qualsevol ordre.

S'entén per comportament del valor el fet que l'evolució del valor en el període considerat en
la seqüència sigui creixent, decreixent, oscil·lant o constant. El percentatge de revaloració
es calcularà com $100 * (darrer/primer - 1)$, on $primer$ i $darrer$ són respectivament el primer
i darrer valor cronològic.

Notes:

- La data és un enter amb el format AAAAMMDD.

- Les cotitzacions en la seqüència estan ordenades cronològicament de passat a present.

- Les empreses no segueixen cap ordre establert en la seqüència.

- Una empresa concreta pot aparèixer en algunes cotitzacions i en altres no.

- En tota la seqüència no hi haurà més de 40 empreses que cotitzin.

- Els noms de les empreses no sobrepassaran els 30 caràcters. Si té diverses paraules, aquestes apareixeran enganxades.

- La seqüència acaba amb una cotització de valors de data 0.

7.2 Bàsquet

Al llarg d'un partit de bàsquet, l'ajudant de l'entrenador del vostre equip favorit va apuntant en el seu ordinador portàtil diferents incidències que es produeixen durant el joc, com ara anotacions, canvis, faltes... Al final del partit, es volen processar aquestes informacions per tal que l'entrenador disposi d'unes estadístiques rellevants per millorar el rendiment de l'equip en els propers partits.

Concretament, l'ajudant de l'entrenador introdueix les informacions següents a mesura que es produeixen: el nom i dorsal de cada un dels jugadors del seu equip, l'equip inicial, els canvis (quin jugador surt, quin entra i quan), els tirs realitzats (lliure, doble o triple, per quin jugador, si han tingut èxit o no i quan) i les faltes (per quin jugador i quan). Per introduir aquestes informacions, s'utilitzen les comandes que es descriuen a continuació:

- *Definició dels jugadors:*

> DORSAL *nom_del_jugador dorsal alçada*

Per definir un jugador s'utilitza la paraula clau DORSAL. A continuació, es dóna el seu nom (*nom_del_jugador*), el seu dorsal (*dorsal*) i la seva alçada (*alçada*, en metres). Cap nom de jugador sobrepassa els 40 caràcters ni conté caràcters "estranys" (dígits, símbols de puntuació,...).

- *Canvis dels jugadors:*

> ENTRA *dorsal temps*

> SURT *dorsal temps*

Quan un jugador entra al camp de joc, s'utilitza la paraula clau ENTRA. A continuació, es dóna el seu dorsal (*dorsal*) i el temps de joc (*temps*, en segons). De forma semblant, quan un jugador surt del camp de joc, s'utilitza la paraula clau SURT.

Per donar els cinc jugadors inicials, s'utilitzen cinc instruccions ENTRA. Al final del partit, no és necessari dir que els darrers cinc jugadors surten.

- *Tirs:*

> TIRA *dorsal temps punts*

Quan un jugador tira a cistella, s'utilitza la paraula clau `TIRA`, es dóna el seu dorsal (*dorsal*), s'indica el temps de joc (*temps*, en segons) i es diu quants punts val el tir (*punts*, entre zero i tres).

- *Faltes:*

> `FALTA` *dorsal temps*

Quan un jugador provoca una falta, s'utilitza la paraula clau `FALTA`, es dóna el seu dorsal (*dorsal*) i s'indica el temps de joc (*temps*, en segons).

- *Final:*

> `FINAL`

Quan el partit acaba, s'utilitza la paraula clau `FINAL` per informar-ne al sistema.

A partir de les dades introduïdes, l'entrenador desitja obtenir la informació següent referent al conjunt de l'equip:

- Nombre total de punts realitzats.
- Nombre de punts en tirs lliures.
- Nombre de punts en tirs dobles.
- Nombre de punts en tirs triples.
- Nombre de tirs fallats.

A més, l'entrenador també vol un llistat (ordenat per dorsals) amb les informacions següents per a cada un dels seus jugadors:

- Dorsal.
- Nom.
- Nombre total de punts realitzats.
- Nombre total de faltes comeses.
- Temps total de joc (en minuts).
- Nombre promig de punts per minut de joc.
- Nombre promig de faltes per minut de joc.

Es recorda que:

- Un partit de bàsquet dura quaranta minuts.
- Els dorsals dels jugadors de bàsquet són enters positius i no tenen límit.
- Un equip de bàsquet no té més de quinze jugadors.
- Cinc faltes impliquen l'expulsió d'un jugador i, per tant, el seu canvi.

Dissenyeu, implementeu i proveu un programa informàtic per dur a terme aquesta tasca. Podeu suposar que l'entrada és sintàcticament correcta.

Part II

Problemes resolts

Introducció

1.1 La congruència de Zeller per a calendaris

La resolució d'aquest problema involucra tres etapes:

1. Llegir les dades d'entrada (una data, composta d'un dia d, un mes m i un any a).
2. Realitzar els cinc passos descrits a l'enunciat, tot utilitzant variables auxiliars.
3. Escriure el resultat.

Aquesta és la implementació completa:

```
#include <iostream>
using namespace std;

int main () {
    // Llegir les dades
    int d, m, a;  cin >> d >> m >> a;

    // Calcular quin dia és de la setmana amb la congruència de Zeller
    int a2, m2;
    if (m-2 <= 0) {
        m2 = m - 2 + 12;   a2 = a - 1;
    } else {
        m2 = m - 2;        a2 = a;
    }
    int c = a2 / 100;
    int y = a2 % 100;
    int f = (26*m2-2)/10 + d + y + (y/4) + (c/4) - 2*c;
    int s = f%7;
    if (s < 0) s += 7;         // Compte!

    // Escriure el dia de la setmana corresponent
        if (s == 0) cout << "Diumenge"  << endl;
```

```
    else if (s == 1) cout << "Dilluns"   << endl;
    else if (s == 2) cout << "Dimarts"   << endl;
    else if (s == 3) cout << "Dimecres"  << endl;
    else if (s == 4) cout << "Dijous"    << endl;
    else if (s == 5) cout << "Divendres" << endl;
    else             cout << "Dissabte"  << endl;
}
```

Observeu que no cal controlar que s sigui 6 per escriure Dissabte. Fixeu-vos també que el mòdul de C++ no va bé amb els negatius i que cal tenir-ho en compte.

1.2   El valor clau per a calendaris

La solució d'aquest problema segueix la mateixa idea que l'anterior:

```
#include <iostream>
using namespace std;

int main () {
    // Llegir la data
    int d, m, a;  cin >> d >> m >> a;

    // Calcular el dia de la setmana amb el valor clau
    int c = a / 100;
    int y = a % 100;
    int r = c % 4;
    int v1 = y/4 + d + 11 - 2*r + y;
    int v2;
         if (m == 1 or m == 10)           v2 = v1 + 1;
    else if (m == 2 or m == 3 or m == 11) v2 = v1 + 4;
    else if (m == 5)                      v2 = v1 + 2;
    else if (m == 6)                      v2 = v1 + 5;
    else if (m == 8)                      v2 = v1 + 3;
    else if (m == 9 or m == 12)           v2 = v2 + 6;
    else                                  v2 = v1 + 0;

    bool traspas = a%400 == 0 or a%4 == 0 and a % 100 != 0;
    if (m <= 2 and traspas) v2 = v2 - 1;
    int s = v2%7 + 1;

    // Escriure el dia corresponent
         if (s == 7) cout << "Diumenge"  << endl;
    else if (s == 1) cout << "Dilluns"   << endl;
    else if (s == 2) cout << "Dimarts"   << endl;
    else if (s == 3) cout << "Dimecres"  << endl;
    else if (s == 4) cout << "Dijous"    << endl;
    else if (s == 5) cout << "Divendres" << endl;
    else             cout << "Dissabte"  << endl;
}
```

2

Seqüències

2.1 Misteri

a) El programa escriu 9.

b) Aquest programa calcula el màxim d'una seqüència d'enters acabada per un nombre negatiu (si la seqüència és buida, escriu el finalitzador).

2.2 El control de qualitat

Per resoldre aquest problema s'ha d'aplicar l'esquema de cerca a la seqüència de pesos de les peces

$$\text{pes}_1 \text{pes}_2 \ldots \text{pes}_k \cdots - 1$$

ja que es cerca una peça que no passi el control de qualitat. La forma d'obtenir els elements de la seqüència és:

- $\langle primer\ element \rangle$: **llegir**$(pes_1)$
- $\langle següent\ element \rangle$: **llegir**$(pes_{k+1})$
- $\langle darrer\ element \rangle$: $pes_k = -1$

Ara dissenyem el programa tenint en compte que la propietat de cerca és que el pes actual no estigui entre 100 i 150 grams, que són respectivament el *pesMinim* i el *pesMaxim* que pot tenir una peça:

```
const int PES_MINIM = 100;
const int PES_MAXIM = 150;

int main() {
    bool trobat = false;
    int pes;    cin >> pes;                      // Obtenir primer element
    while (pes != -1 and not trobat) {           // Mirar si és darrer element
```

```
        if (pes < PES_MINIM or pes > PES_MAXIM) { // Mirar condició de cerca
            trobat = true;
        } else {
            cin >> pes;                          // Obtenir següent element
        }
    }
    if (trobat) cout << "NO" << endl;
    else cout << "SI" << endl;
}
```

Noteu que en cas de trobar una peça que no passa el control de qualitat la resposta ha de ser "NO" i que en cas de no trobar-ne cap la resposta ha de ser "SI".

2.3   Vaques boges

Primer observem que darrera el problema a resoldre hi ha una seqüència d'enters acabada amb el sentinella 0 (codi fictici). Aquesta seqüència es defineix com a

$$\text{codi}_1 \; \text{codi}_2 \; ... \; \text{codi}_k \; ... \; 0$$

i la manera d'obtenir els seus elements és:

- ⟨*primer element*⟩: Llegir primer codi (**llegir**(codi_1)).
- ⟨*següent element*⟩: Llegir següent codi (**llegir**(codi_{k+1})).
- ⟨*darrer element*⟩: Mirar si el codi actual és 0 ($\text{codi}_k = 0$).

Observem ara que per a la solució del problema cal aplicar l'esquema de cerca sobre la seqüència, tot buscant un element de la seqüència que és múltiple de 13 i de 15. Aquesta propietat la podem expressar en C++ amb l'expressió: `codi % 13 == 0 and codi % 15 == 0`:

```
int main() {
    bool trobat = false;
    int codi;    cin >> codi;              // Obtenir primer element
    while (codi != 0 and not trobat) {     // Mirar si és darrer element
        if (codi%13 == 0 and codi%15 == 0) {  // Mirar condició de cerca
            trobat = true;
        } else {
            cin >> codi;                   // Obtenir següent element
        }
    }
    if (trobat) cout << "Alerta: Hi ha vaques boges." << endl;
    else cout << "Calma: No hi ha vaques boges." << endl;
}
```

2.4   Infraccions

El programa que hem de dissenyar s'obté aplicant l'esquema de recorregut sobre la seqüència dels elements ⟨he, hs⟩ que es llegeix tot observant que l'element sentinella és ⟨−1, −1⟩. La manera d'obtenir els elements de la seqüència és:

- ⟨*primer element*⟩: **llegir**(he_1, hs_1)
- ⟨*següent element*⟩: **llegir**(he_{k+1}, hs_{k+1})
- ⟨*darrer element*⟩: $he_k = -1$ **i** $hs_k = -1$

Quant al tractament de l'element de la seqüència, hem de fer:

- Comptar un vehicle més (a fi de calcular el temps d'estada mitjana).

- Sumar el temps d'estada del vehicle, o sigui la diferència entre l'hora de sortida i l'hora d'entrada, al temps total d'estada (a fi de calcular el temps d'estada mitjana). Noteu que podem restar les hores de sortida i entrada directament ja que vénen donades en minuts (nombres enters).

- Comprovar si el temps d'estada del vehicle supera els 30 minuts permesos i, en cas afirmatiu, comptar una infracció més.

Apuntem finalment que el temps d'estada mitjana es calcularà en fer el tractament final de la seqüència dividint el temps total d'estada pel nombre de vehicles. Cal doncs evitar divisions per zero (cosa que pot ocórrer si el nombre de vehicles és zero, és a dir, si la seqüència és buida):

```cpp
const int TEMPS_MAXIM = 30;

int main() {
    // Tractament inicial
    int ni = 0;     // Nombre d'infraccions
    int nv = 0;     // Nombre de vehicles
    int tet = 0;    // Temps d'estada total
    // Llegir el primer element de la seqüència
    int he, hs;    cin >> he >> hs;
    // Recorregut
    while (he != -1 or hs != -1) {
        // Tractar l'element en curs
        ++nv;
        int te = hs - he; // Temps d'estada del vehicle actual
        tet = tet + te;
        // Comprovar si és una infracció
        if (te > TEMPS_MAXIM) ++ni;
        // Llegir l'element següent
        cin >> he >> hs;
    }
    if (nv != 0) {
        cout << "Nombre d'infraccions: " << ni << endl
            << "Temps d'estada mitjana: " << double(tet) / double(nv) << endl;
    } else cout << "No hi havia vehicles" << endl;
}
```

2.5 Codis de barres

Apliquem l'esquema de recorregut sobre les xifres que componen el nombre enter donat, per després calcular el dígit de control. Cal, doncs, definir la seqüència de les xifres d'un nombre enter x, cosa que podem fer aplicant reiteradament els operadors **div** i **mod** (a continuació, q denota el quocient de la divisió i r el residu de la divisió):

- $\langle primer\ element\rangle$: $q_1 = x$; $r_1 = q_1$ **mod** 10
- $\langle s\ddot{u}gent\ element\rangle$: $q_{k+1} = q_k$ **div** 10; $r_{k+1} = q_{k+1}$ **mod** 10
- $\langle darrer\ element\rangle$: $q_k = 0$

Notem també que mentre es van obtenint les xifres cal tenir present que s'ha de saber si ocupen una posició parell o senar. Això ho podem fer mantenint un comptador inicialitzat a 1 i incrementant-lo cada cop que s'obté la xifra següent. Per calcular el dígit de control, cal restar la suma dels dígits de la desena superior. Per això, és suficient restar l'última xifra de la suma de 10. En termes de l'exemple de l'enunciat, com que $s = 84$, llavors el dígit de control és igual a $10 - 84$ **mod** 10. Cal, però, anar amb compte per distingir el cas quan s **mod** 10 = 0 al qual li correspon el dígit de control 0:

```
int main() {
    int s = 0;
    int pos = 1;
    long long int codi;
    cin >> codi;
    long long int q = codi;
    int r = q % 10;
    while (q != 0) {
        if (pos%2 == 1) s = s + r*3;
        else s = s + r;
        q = q / 10;
        r = q % 10;
        pos = pos + 1;
    }
    int dc;
    if (s%10 != 0) dc = 10 - s%10;
    else dc = 0;
    cout << "El dígit de control és: " << dc << endl;
}
```

2.6   El supermercat Fruita Madura

La seqüència d'entrada és una seqüència de triplets $\langle enter,real,enter\rangle$, amb l'excepció del darrer element, que només és un sol enter (-1). Per exemple:

$$\underbrace{3\ \ 34.56\ \ 12}\ \ \underbrace{2\ \ 54.36\ \ 14}\ \ \underbrace{5\ \ 78.97\ \ 23}\ \ \underbrace{9\ \ 23.45\ \ 11}\ \ \underbrace{1\ \ 43.54\ \ 29}\ \ \underbrace{-1}_{\text{darrer}}$$

Per llegir un element, cal primer llegir un primer enter (codi de client), i si aquest és diferent de -1, llavors llegir un real (quantitat gastada) i un altre enter (nombre de dies).

Per a la solució del problema cal aplicar l'esquema de recorregut sobre la seqüència d'elements. A l'hora de tractar un client de la seqüència, calcularem:

- El codi del client amb el nombre de punts obtinguts per diners gastats (de fet, guardarem la quantitat d'euros gastats i d'aquesta quantitat calcularem els punts que té per diners gastats).

- El codi del client amb el nombre de dies que ha anat a comprar.

Recordem que cada client, és a dir cada codi, apareix un sol cop a la seqüència. A l'hora de calcular els punts per diners gastats, la frase de l'enunciat "10 *punts per cada* 100 *euros*" correspon a fer divisió entera de la quantitat d'euros per 100 i multiplicar el resultat per 10 (comproveu que això no és equivalent a "1 *punts per cada* 10 *euros*"). Un cop calculat això, només ens caldrà comparar quins dels dos clients té més punts i escriure el codi corresponent del guanyador:

```
int main() {
    double eurosClient = 0.0;
    int codiMaxPunts, codiMaxDies, maxPunts = 0, maxDies = 0;
    int codi;    cin >> codi;
    while (codi != -1) {
        double quantitat;
        int nDies;
        cin >> quantitat >> nDies;
        if (int(quantitat)/100 * 10 > maxPunts) {
            maxPunts = int(quantitat)/100 * 10;
            codiMaxPunts = codi;
        }
        if (nDies > maxDies) {
            maxDies = nDies;
            codiMaxDies = codi;
            eurosClient = quantitat;
        }
        cin >> codi;
    }
    if (maxPunts >= 100 + int(eurosClient)/100 * 10) {
        cout << "El guanyador és el client: " << codiMaxPunts << endl;
    } else {
        cout << "El guanyador és el client: " << codiMaxDies << endl;
    }
}
```

Observeu com s'ha descompost la lectura de triplets pel fet que quan es troba el darrer element no s'han de llegir tres dades, sinó una de sola.

2.7 Productes caducats

El programa que hem de dissenyar s'obté aplicant l'esquema de recorregut sobre la seqüència dels elements ⟨*codiArticle,dataCaducitat*⟩ que es llegeix tot observant que l'element sentinella és ⟨0,0⟩. Per obtenir la seqüència cal dur a terme les tasques següents:

- ⟨*primer element*⟩: **llegir**($codi_1, data_1$)
- ⟨*següent element*⟩: **llegir**($codi_{k+1}, data_{k+1}$)
- ⟨*darrer element*⟩: $codi_k = 0$ **i** $data_k = 0$

Pel que fa al tractament de cada element de la seqüència, cal comprovar si l'article està caducat, fet que equival a comprovar si la seva data de caducitat és més petita que la data d'avui. Com que les dates són nombres enters amb format DDMMAAAA, cal observar com podem comparar dues dates, ja que la comparació directa com a nombres enters no és vàlida en aquest format. Donades dues dates d_1 i d_2, la data d_1 és més petita que la data d_2 si l'any de la data d_1 és més petit que l'any de la data d_2; o en el cas que tinguin el mateix any, el mes de la data d_1 sigui més petit que el mes de la data d_2; o, en el cas que tinguin el mateix mes, el dia de la data d_1 sigui més petit que el dia de la data d_2. Com que les dates s'introdueixen com a nombres enters, per poder fer aquestes comparacions caldrà extreure el dia, mes i any de l'enter d que representa la data, la qual cosa podem fer utilitzant els operadors **div** i **mod** de la següent manera:

$$\texttt{any} = d \texttt{ \% } 10000;\ \texttt{mes} = (d\ /\ 10000) \texttt{ \% } 100;\ \texttt{dia} = d\ /\ 1000000$$

Un cop fetes aquestes observacions, dissenyem el programa:

```
int main() {
    int codi; // Codi producte
    int dc;   // Data caducitat
    int da;   // Data d'avui
    // Primer llegir la data actual
    cin >> da;
    // Llegir el primer element: codi i data caducitat
    cin >> codi >> dc;
    // Recorregut
    while (codi != 0 or dc != 0) {
        // Tractar l'element en curs
        // Primer comparar els anys de les dates
        if (dc % 10000 < da % 10000) cout << codi << endl;
        // En cas que tinguin anys iguals, mirar els mesos
        else if (dc%10000 == da%10000 and dc/10000%100 < da/10000%100) {
            cout << codi << endl;
        }
        // En cas que els anys i els mesos siguin iguals, mirar els dies
        else if (dc%10000 == da%10000 and dc/10000%100 == da/10000%100
                   and dc/1000000 < da/1000000) {
            cout << codi << endl;
        }
        // Llegir el següent element
        cin >> codi >> dc;
    }
}
```

2.8   El valor actual

Per a resoldre aquest problema s'ha d'aplicar un esquema de recorregut sobre la seqüència dels termes del sumatori on cada terme ve definit pels elements següents: I_i, D_i i $(1+\delta)^{i-1}$. Definim ara com llegir i generar els elements d'aquesta seqüència:

- $\langle primer\ element \rangle$: **llegir**$(I_1, D_1)$; $(1 + \delta)^0 = 1$
- $\langle següent\ element \rangle$: **llegir**$(I_{k+1}, D_{k+1})$; $(1 + \delta)^{k+1} = (1 + \delta)^k * (1 + \delta)$
- $\langle darrer\ element \rangle$: $I_k = 0.0$ i $D_k = 0.0$

Noteu que es pot calcular $(1 + \delta)^{k+1}$ a partir del valor $(1 + \delta)^k$ i, per tant, no necessitem fer servir cap funció primitiva del tipus x^y.

La inicialització del tractament dels elements de la seqüència consisteix a obtenir el valor δ que ens donen i en inicialitzar la suma de termes a 0. En el tractament de l'element actual hem de sumar el resultat de calcular el terme actual a la suma dels anteriors:

```
int main() {
    // Inicialitzar tractament
    double S = 0.0;              // S manté la suma dels termes
    double delta;    cin >> delta;
    // Obtenir primer element
    double I, D;    cin >> I >> D;
    double q = 1.0;
    while (I != 0.0 or D != 0.0) {
        S = S + (I - D) / q;        // Tractar element
        cin >> I >> D;              // Obtenir següent element
        q = q * (1 + delta);        // Obtenir següent element
    }
    cout << S;
}
```

2.9 La benzinera de Vilanova

Per resoldre aquest problema s'ha d'aplicar l'esquema de cerca amb tractament (cercant un dipòsit que estigui per sota del mínim) a la seqüència dels codis dels diferents sortidors:

- ⟨*primer element*⟩: **llegir**($Codi_1$)
- ⟨*següent element*⟩: **llegir**($Codi_{k+1}$)
- ⟨*darrer element*⟩: $Codi_k = $ 'F'

El tractament a fer consisteix primer a llegir l'import demanat i després actualitzar la facturació i els litres que queden al dipòsit del tipus de carburant corresponent al codi del sortidor.

El tractament final consisteix a avisar del tancament si s'ha trobat algun dipòsit per sota del mínim i en qualsevol cas escriure la facturació de cadascun dels diferents tipus de benzina i quin és el que s'ha venut més:

```
const char codiS = 'A';
const char codiSSP = 'B';
const double preuS = 0.897;        // Preu súper
const double preuSSP = 0.875;      // Preu súper sense plom
const double preuG = 0.683;        // Preu gasoil
const double capDip = 10000.0;     // Capacitat dels dipòsits
const double min = 100.0;          // Mínim per dipòsit

int main() {
    bool trobat = false;
    // Inicialment tots els dipòsits estan plens
    double litresS = capDip, litresSSP = capDip, litresG = capDip;
```

```
// Inicialment la facturació dels diferents tipus de benzina és 0
double facturacioS = 0.0, facturacioSSP = 0.0, facturacioG = 0.0;
// Obtenir primer element
char codi;    cin >> codi;
while (codi != 'F' and not trobat) {
    double import;   cin >> import;
    // Actualitzar els litres i la facturació del sortidor corresponent
    if (codi == codiS) {
        litresS = litresS - import/preuS;
        facturacioS = facturacioS + import;
    } else if (codi == codiSSP) {
        litresSSP = litresSSP - import/preuSSP;
        facturacioSSP = facturacioSSP + import;
    } else {
        litresG = litresG - import/preuG;
        facturacioG = facturacioG + import;
    }
    // Comprovar la propietat de cerca
    if (litresS < min or litresSSP < min or litresG < min) {
        trobat = true;
    } else {
        cin >> codi;    // Obtenir següent element
    }
}
if (trobat) {           // S'ha trobat un dipòsit per sota del mínim
    cout << "TANCAR BENZINERA" << endl;
}
cout << "Facturació súper: " << facturacioS << endl
     << "Facturació súper sense plom: " << facturacioSSP << endl
     << "Facturació gasoil: " << facturacioG << endl;
if (litresS <= litresSSP and litresS <= litresG) {
    cout << "La més venuda ha estat la súper" << endl;
} else if (litresSSP <= litresG) {
    cout << "La més venuda ha estat la súper sense plom" << endl;
} else {
    cout << "La més venuda ha estat el gasoil" << endl;
}
}
```

2.10   El pàrquing de la Mútua de Terrassa

Per resoldre aquest problema s'ha d'aplicar un esquema de recorregut sobre la seqüència dels sensors que envien el senyal:

- ⟨*primer element*⟩: **llegir**($Sensor_1$)
- ⟨*següent element*⟩: **llegir**($Sensor_{k+1}$)
- ⟨*darrer element*⟩: $Sensor_k = $ '#'

El tractament a fer depèn del sensor que envia el senyal:

- 'S': En aquest cas primer cal llegir l'hora d'entrada (*he*), l'hora de pagament (*hp*) i l'hora de sortida (*hs*). Després, cal comprovar si el ticket està pagat (l'hora de pagament no és −1) i el pagament s'ha fet fa menys de 10 minuts (la diferència entre l'hora de sortida i l'hora de pagament no és més gran que 10); si no es compleix s'ha de retornar el ticket (fent una crida a l'acció RetornarTicket()) i si es compleix s'han d'actualitzar els comptadors corresponents (tenint en compte que el temps a comptabilitzar és la diferència entre el temps de pagament i el d'entrada).

- 'E': En aquest cas només s'ha de donar el ticket (fent una crida a l'acció Donar-Ticket()) i després obrir la barrera d'entrada (utilitzant l'acció ObrirBarreraEF()).

- 'F' o 'T': En aquests dos casos només s'ha de tancar la barrera corresponent (fent una crida a l'acció que tanca la barrera).

El tractament final consisteix a escriure els percentatges (se suposa que sempre apareixerà algun vehicle i per això no cal comprovar possibles divisions per 0) i la recaptació:

```
const double PreuMinut = 0.05;
const int TempsPerSortir = 10;

int main() {
    // Inicialització de tractament
    int v60 = 0, v60_180 = 0, v180 = 0, TotalMinuts = 0;
    // Obtenir primer element
    char Sensor;    cin >> Sensor;
    while (Sensor != '#') {
        // Tractar Element
        if (Sensor == 'E') {
            DonarTicket();
            ObrirBarreraEF();
        }
        else if (Sensor == 'F') TancarBarreraEF();
        else if (Sensor == 'T') TancarBarreraST();
        else if (Sensor == 'S') {
            int he, hp, hs;
            cin >> he >> hp >> hs;
            if (hp == -1 or hs-hp > TempsPerSortir) RetornarTicket();
            else {
                ObrirBarreraST();
                int Temps = hp - he;
                TotalMinuts = TotalMinuts+Temps;
                if (Temps <= 60) v60 = v60 + 1;
                else if (Temps <= 180) v60_180 = v60_180 + 1;
                else v180 = v180 + 1;
            }
        }
        cin >> Sensor;          // Obtenir següent element
    }
    int vTotal = v60 + v60_180 + v180;
    cout << "Percentatge menys de 60 minuts: "
         << double(v60)/double(vTotal)*100. << " %." << endl
         << "Percentatge entre 60 i 180 minuts: "
```

```
            << double(v60_180)/double(vTotal)*100. << " %." << endl
            << "Percentatge més de 180 minuts: "
            << double(v180)/double(vTotal)*100. << " %." << endl
            << "La recaudació és: " << double(TotalMinuts)*PreuMinut
            << " euros." << endl;
    }
```

2.11   El polígon equilateral

Per resoldre aquest problema s'ha d'aplicar l'esquema de cerca a la seqüència d'arestes del polígon (cercant una aresta amb diferent longitud que les anteriors), on cada aresta ve definida per les coordenades dels seus vèrtexs (origen i final): $\langle xo, yo \rangle$ i $\langle xf, yf \rangle$.

- $\langle primer\ element \rangle$: **llegir**$(xo_1, yo_1, xf_1, yf_1)$
- $\langle següent\ element \rangle$: $xo_{k+1} = xf_k$; $yo_{k+1} = yf_k$; **llegir**(xf_{k+1}, yf_{k+1})
- $\langle darrer\ element \rangle$: $xf_k = xo_1$ **i** $yf_k = yo_1$

Així, dissenyem el programa tenint en compte que la propietat de cerca és que la longitud de l'aresta actual sigui diferent de la longitud de la primera aresta:

```
int main() {
    bool trobat = false;
    double xo, yo, xf, yf;    cin >> xo >> yo >> xf >> yf;
    // Longitud de la primera aresta
    double l = sqrt((xo-xf) * (xo-xf) + (yo-yf) * (yo-yf));
    // Guardar el vèrtex origen de la primera aresta
    double xo1 = xo;    double yo1 = yo;
    while ((xf != xo1 or yf != yo1) and not trobat) {
        if (l != sqrt((xo-xf) * (xo-xf) + (yo-yf) * (yo-yf))) {
            trobat = true;
        } else {
            xo = xf; yo = yf;
            cin >> xf >> yf;
        }
    }
    // Atenció amb l'última aresta
    trobat = trobat or l != sqrt((xo-xf) * (xo-xf) + (yo-yf) * (yo-yf));
    if (trobat) cout << "NO" << endl; else cout << "SI" << endl;
}
```

Noteu que al tractament final cal comprovar si la darrera aresta també té la mateixa longitud que les anteriors abans de dir si el polígon és equilateral o no.

2.12   La Pica d'Estats

Per resoldre aquest problema cal tractar els elements de la seqüència de tres en tres, intercalant-los entre ells. Donats tres punts consecutius es pot veure si formen un pic i si la seva alçada és superior a la donada. Per exemple:

$$\underbrace{2\ 4\ 5}\ 3\ 2\ 3\ 3\ 2\ 1\ 3\ 4\ 3\ 0$$

$$2\ \underbrace{4\ 5\ 3}\ 2\ 3\ 3\ 2\ 1\ 3\ 4\ 3\ 0$$

$$2\ 4\ \underbrace{5\ 3\ 2}\ 3\ 3\ 2\ 1\ 3\ 4\ 3\ 0$$

$$2\ 4\ 5\ 3\ \underbrace{2\ 3\ 3}\ 2\ 1\ 3\ 4\ 3\ 0$$

$$2\ 4\ 5\ 3\ 2\ 3\ \underbrace{3\ 2\ 1}\ 3\ 4\ 3\ 0$$

$$2\ 4\ 5\ 3\ 2\ 3\ 3\ 2\ 1\ \underbrace{3\ 4\ 3}\ 0$$

$$2\ 4\ 5\ 3\ 2\ 3\ 3\ 2\ 1\ 3\ \underbrace{4\ 3\ 0}$$

En conseqüència, cal aplicar un esquema de cerca per trobar si aquesta condició es dóna o no:

```
const int ALTURA_PICA_ESTACS = 3143;

int main() {
    bool trobat = false;      // Inicialment no s'ha trobat cap pic
    int ant, act, seg;        // Lectura dels tres primers punts
    cin >> ant >> act >> seg; // (l'enunciat assegura que hi són)
    while (seg != 0 and not trobat) {
        if (ant < act and act > seg and act > ALTURA_PICA_ESTACS) {
            // Ja l'hem trobat
            trobat = true;
        } else {
            // Actualitzar adequadament els punts
            ant = act;    act = seg;    cin >> seg;
        }
    }
    // Escriure la resposta
    if (trobat) cout << "SI" << endl; else cout << "NO" << endl;
}
```

2.13 Valls minimals

Per resoldre aquest problema aplicarem un esquema de recorregut, mantenint sempre els tres darrers punts (*esq*, *mig* i *dre*) que determinen si hi ha vall o no, saltant-nos els punts iguals consecutius. Utilitzant aquesta estratègia, mantindrem un parell de variables per saber el valor de la vall mínima (*min*) i quantes vegades ha sortit (*reps*).

En fer la inicialització, caldrà que vigilem els casos en què no hi hagi tres punts. Per això, als dos primers punts els donem uns valors que asseguren que no hi ha valls (valors fantasmes) i el tercer el llegim. Així, com a mínim, sempre trobarem la marca de final. D'altra banda, inicialitzarem mín amb el valor -1 per indicar que encara no hem trobat cap vall (i tractarem aquest cas):

```
int main() {
    // Inicialització
```

```
        int esq = -1;
        int mig = 0;
        int min = -1;
        int reps = 0;
        // Obtenir primer element
        int dre;    cin >> dre;
        while (dre != 0) {
            // Tractar els tres elements
            if (esq > mig and mig < dre) {
                if(mig < min or min == -1) {
                    min = mig;    reps = 1;
                }
                else if (mig == min) reps = reps + 1;
            }
            // Avançar, saltant repetits
            esq = mig;    mig = dre;    cin >> dre;
            while (dre == mig) cin >> dre;
        }
        // Tractament final
        cout << reps;
    }
```

Observeu que en el bucle intern per avançar, tot saltant repetits, no cal controlar el final de la seqüència perquè `mig` mai pot ser 0.

2.14   El torneig de futbol

El programa es pot plantejar com a aplicació de l'esquema de recorregut d'una seqüència on els elements són parells d'equips i de punts. De fet, el nom de l'equip és irrellevant:

```
int main() {
    int p;                  // Llegeix sempre la puntuació actual
    // Inicialitzacions per tractar el primer equip i
    // la primera puntuació com els altres
    int pmax = 0;    int pact = -1;    int compt = 0;    int comptmax = 0;
    // Recorregut per processar tots els equips
    string c;    cin >> c;
    while (c != "#") {
        // Obtenir la puntuació de l'equip actual
        cin >> p;
        if (p == pact) {
            // Comptar un altre equip amb la puntuació actual
            compt = compt + 1;
        } else {
            if (compt > comptmax) {
                // Tractar el cas de trobar una nova puntuació més freqüent
                pmax = pact;    comptmax = compt;
            }
            // Començar una puntuació nova
            pact = p;    compt = 1;
```

```
        }
        cin >> c;
    }
    // Tractar el cas on la solució és el darrer valor
    if (compt > comptmax) {
        pmax = p;    comptmax = compt;
    }
    // Escriure la resposta
    cout << pmax << ' ' << comptmax << endl;
}
```

Noteu que aquest problema es pot fer sense taules perquè els equips arriben ordenats per punts.

3

Accions i funcions

3.1 No ho sé

- Programa 1: x = **false**, r = −45, b = −45.0.

- Programa 2: y = **false**, e = 22, c = 22.0.

- Programa 3: La crida és incorrecta ja que NoHoSe() és una acció de tres paràmetres i no una acció de dos.

- Programa 4: b = **false**, i = 81, x = 81.

3.2 Tampoc ho sé

- Programa 1: a = **true**, x = **true**, d = 2, c = 7.0.

- Programa 2: a = **false**, x = **true**, d = 8, c = 4.0.

- Programa 3: a = **true**, q = 'Q', d = 14, c = 1.0.

- Programa 4: La crida és incorrecta: el primer paràmetre real és de tipus real, mentre que el primer paràmetre formal és de tipus enter. El fet que el segon paràmetre real sigui de tipus enter, mentre que el segon paràmetre formal és de tipus real no causa problemes perquè es converteix automàticament.

- Programa 5: a = **false**, x = **true**, d = 8, c = 4.0.

3.3 Qui ho sap?

La sortida per a l'entrada 3 5 és 3 4. La sortida per a l'entrada 9 15 és 9 10. Només cal tenir cura a fer correctament el seguiment de l'algorisme, fixant-se quins paràmetres són d'entrada o d'entrada/sortida.

3.4   Incògnita

La funció sempre retorna **fals**. En efecte, un caràcter mai pot ser igual a cinc lletres diferents alhora.

Probablement l'autor d'aquesta funció volia indicar si *c* era una vocal majúscula. En aquest cas, hauria d'haver escrit la seva expressió utilitzant **or** en lloc de **and**:

```
bool incognita (char c) {
    return c == 'A' or c == 'E' or c == 'I' or c == 'O' or c == 'U';
}
```

3.5   Comparar dates

Per dissenyar aquesta funció utilitzarem una funció Converteix() que, donada una data en format DDMMAAAA, calcula la mateixa data en format AAAAMMDD. Així podrem transformar les dues dates al format AAAAMMDD i poder comparar els enters corresponents per calcular el resultat segons la definició donada a l'enunciat:

```
int CompararDates (int d1, int d2) {
    d1 = Converteix(d1);        // Ara d1 està en format AAAAMMDD
    d2 = Converteix(d2);        // Ara d2 està en format AAAAMMDD
    if (d1 == d2) return 0;
    else if (d1 < d2) return -1;
    else return 1;
}
```

Dissenyem ara la funció Converteix(). Per calcular la data en format AAAAMMDD primer obtenim el dia, el mes i l'any de la data donada (que està en format DDMMAAAA) i després calculem la data en el nou format:

```
int Converteix (int data) {
    int dia = data / 1000000;       // Obtenim el dia
    int mes = (data / 10000) % 100; // Obtenim el mes
    int any = data % 10000;         // Obtenim l'any
    return any*10000 + mes*100 + dia;  // Generem la data en el nou format
}
```

3.6   Articles caducats

Per resoldre aquest problema s'ha d'aplicar l'esquema de recorregut sobre la seqüència dels codis d'article i la seva data de caducitat:

- ⟨*primer element*⟩: **llegir**(*codiArticle$_1$, dataCaducitat$_1$*)
- ⟨*següent element*⟩: **llegir**(*codiArticle$_{k+1}$, dataCaducitat$_{k+1}$*)
- ⟨*darrer element*⟩: *codiArticle$_k$* = 0 **i** *dataCaducitat$_k$* = 0

En aquest cas només s'han de tractar els articles caducats. Per comprovar si un article està caducat utilitzem la funció CompararDates(), dissenyada al problema 3.5, per veure si la data actual és més gran que la data de caducitat:

```
int main () {
    int dataActual, codiArticle, dataCaducitat;
    cin >> dataActual;                          // Inicialitzar tractament
    cin >> codiArticle >> dataCaducitat;        // Obtenir el primer element
    while (codiArticle != 0 or dataCaducitat != 0) {
        if (CompararDates(dataActual, dataCaducitat) == 1) {
            cout << codiArticle << endl;        // Tractar l'element
        }
        cin >> codiArticle >> dataCaducitat;    // Obtenir l'element següent
    }
}
```

Compareu aquesta solució amb la del problema 2.7 i penseu quins avantatges aporta l'ús d'accions i funcions.

3.7 Intervals

Dissenyem primer la funció que, donats quatre valors reals a, b, c, d amb $a \leq b$ i $c \leq d$, indica si $[a, b] \subseteq [c, d]$:

```
bool EsDins (double a, double b, double c, double d) {
    return c<=a and b<=d;
}
```

Ara dissenyem l'algorisme que se'ns demana tot fent servir la funció anterior. Observem que cal aplicar l'esquema de cerca sobre la seqüència dels intervals per trobar el primer interval que s'inclou a l'interval [10.5, 17.9]. Definim primer aquesta seqüència i després expressem la propietat de cerca:

- ⟨*primer element*⟩: **llegir**(a_1, b_1)
- ⟨*següent element*⟩: **llegir**(a_{k+1}, b_{k+1})
- ⟨*darrer element*⟩: $a_k = -1.0$ i $b_k = -1.0$

La propietat de cerca es pot expressar mitjançant la funció ÉsAdins() de la manera següent: EsDins$(a, b, 10.5, 17.9)$:

```
int main () {
    bool trobat = false;
    int a, b;   cin >> a >> b;
    while ((a!=-1 or b!=-1) and not trobat) {
        if (EsDins(a, b, 10.5, 17.9) trobat = true;
        else cin >> a >> b;
    }
    if (trobat) {
        cout << "El primer interval inclòs a [10.5,17.9] és "
             << a << " " << b << endl;
    } else {
        cout << "Cap dels intervals és inclòs a [10.5,17.9]" << endl;
    }
}
```

3.8   Llaunes

a) La funció Apilable() indica si un nombre determinat de llaunes n es pot apilar o no segons l'enunciat. Per fer-ho, fa una cerca generant els parells (i, s) on i és el nombre de pisos i s és el nombre de llaunes. La cerca acaba quan $s \geq n$. En aquest cas, si $s = n$ vol dir que les n llaunes es poden apilar (en i pisos); altrament no es poden apilar.

El primer parell (i, s) és $(1, 1)$: en un pis es pot apilar una única llauna. Donat un parell (i, s), el següent parell és $(i + 1, s + i + 1)$, ja que en $i + 1$ pisos tenim s llaunes dels i primer pisos i $i + 1$ llaunes del pis $i + 1$:

```
bool Apilable (int n) {
    int i = 1, s = 1;
    while (s < n) {
        s += i + 1;
        ++i;
    }
    return s == n;
}
```

b) Es tracta de fer un recorregut, llegint nombres i mirant si són apilables o no usant la funció anterior. El recorregut acaba quan el nombre entrat és 0:

```
int main () {
    int x;   cin >> x;
    while (x != 0) {
        if (Apilable(x)) cout << "SI" << endl; else cout << "NO" << endl;
        cin >> x;
    }
}
```

3.9   Sumar dígits parells de $f(x)$

Per resoldre aquest problema s'ha d'aplicar l'esquema de recorregut a la seqüència dels números enters que pertanyen a l'interval $[1 .. n]$, que es defineix a continuació:

- ⟨*primer element*⟩: $x_1 := 1$
- ⟨*següent element*⟩: $x_{k+1} := x_k + 1$
- ⟨*darrer element*⟩: $x_k > n$

Ara dissenyem l'algorisme utilitzant les funcions f() i SumarDígitsParells(), que dissenyarem posteriorment, per al tractament de l'element actual:

```
int main () {
    int n;   cin >> n;
    int s = 0, x = 1;
    while (x <= n) {
        s += SumarDigitsParells(f(x));
        ++x;
    }
    cout << s << endl;
}
```

A continuació dissenyem la funció f(), que donat un valor enter x només ha de calcular el resultat segons la definició d'aquesta funció donada a l'enunciat:

```
int f (int x) {
    if (x%2 == 0) return 2*x + 1;
    else return 2*x;
}
```

Per últim, dissenyem la funció SumarDígitsParells(), que donat un nombre enter x ha de sumar tots els seus dígits parells. En aquest subproblema apareix una nova seqüència que recorre els dígits del número:

- ⟨*primer element*⟩: $x_1 := x$
- ⟨*següent element*⟩: $x_{k+1} := x_k$ **div** 10
- ⟨*darrer element*⟩: $x_k = 0$

Sobre aquesta seqüència apliquem l'esquema de recorregut en què tractem només els elements que compleixen una condició, en aquest cas que l'última xifra sigui parella:

```
int SumarDigitsParells (int x) {
    int s = 0;
    while (x != 0) {
        if (x%2 == 0) s += x%10;
        x /= 10;
    }
    return s;
}
```

Noteu que el paràmetre x ja té el valor corresponent al primer element de la seqüència (no cal assignar res a x).

3.10 La pesta porcina

L'acció LlegirParaula(l, p) calcula la longitud (l) de la següent paraula de la seqüència i indica (p) si conté alguna lletra 'P'. Si es troba el punt final, $l = 0$. Observeu que no importa la paraula en si, només quina és la seva longitud i si conté alguna 'P'.

Utilitzant aquesta acció, un recorregut per a paraules soluciona el problema:

```
void LlegirParaula (int& l, bool& p) {
    l = 0;
    p = false;
    cin.get(c);
    while (c != ' ' and c != '.') {
        ++l;
        if (c == 'P') p = true;
        cin.get(c);
    }
}

int main () {
    int longimax = 0;
```

```
        int longi;
        bool hihaP;
        LlegirParaula(longi, hihaP);
        while (longi != 0) {
            if (hihaP and longi > longimax) longimax = longi;
            LlegirParaula(longi, hihaP);
        }
        cout << longimax << endl;
    }
```

3.11   Leibniz i π

Per resoldre el problema anirem calculant incrementalment aproximacions de π utilitzant la fórmula donada. Per poder saber quan aturar el procés de càlcul mantindrem en piAct l'aproximació actual de π i en piAnt l'aproximació anterior. La condició de final és que el valor absolut de la diferència entre aquests dos valors sigui menor o igual a ε (eps). Per tal que el bucle es repeteixi almenys un cop, donem un valor fictici prou alt a piAnt:

```
    double AproximacioPi (double eps) {
        int k = 0;                  // Nombre de termes sumats
        double piAct = 0;           // Valor de πk
        double piAnt = 2*eps;       // Valor de πk-1
        while (ValorAbsolut(piAct - piAnt) > eps) {
            ++k;
            piAnt = piAct;
            if (k%2 == 0) piAct -= 4.0/(2*k-1);
            else          piAct += 4.0/(2*k-1);
        }
        return piAct;
    }
```

La funció següent calcula el valor absolut d'un nombre real:

```
    double ValorAbsolut (double x) {
        if (x >= 0) return x; else return -x;
    }
```

4

Taules

4.1 Sobre la taula

a) L'única propietat que cal assegurar per poder fer una cerca dicotòmica és que la taula estigui ordenada (2).

b) Hi ha quatre possibles situacions d'error en avaluar l'expressió $a + b$ **div** $t[k]$:

- Indexació d'una posició inexistent de la taula, quan $k \leq 0$ o $k > N$.
- Divisió per zero, quan $t[k] = 0$.
- També es pot produir un sobreeiximent en la suma.
- També seria un error conceptual no tenir inicialitzades les variables.

c) Mètode d'ordenació per selecció:

8	5	6	1	7	3

1	5	6	8	7	3

1	3	6	8	7	5

1	3	5	8	7	6

1	3	5	6	7	8

1	3	5	6	7	8

d) Mètode d'ordenació per inserció:

8	5	6	1	7	3

5	8	6	1	7	3

5	6	8	1	7	3

1	5	6	8	7	3

1	5	6	7	8	3

1	3	5	6	7	8

4.2   Pantans

Per a la solució del problema dissenyem una funció que ens retorni un booleà, essent aquest el valor cert quan hi ha una situació crítica i fals en cas contrari. Observem que cal aplicar l'esquema de cerca ja que sabent el nombre total dels pantans (N) podem, eventualment, trobar la situació crítica sense recórrer tota la taula dels pantans. La propietat de cerca es pot expressar de la manera següent: $2 \cdot n > N$, on n denota el nombre de pantans que estan per sota de 10000 litres:

```
const int L = 10000;

bool pantans (int P[], int N) {
    bool trobat = false;
    int n = 0, i = 0;
    while (i < N and not trobat) {
        if (P[i] < L) ++n;
        if (2*n > N) trobat = true;
        else ++i;
    }
    return trobat;
}
```

4.3   L'Avi Pep

La primera tasca a fer és definir el tipus Hort que representa les parcel·les de l'hort com a una taula de dues dimensions:

```
const int M = 4;        // Nombre de files
const int N = 6;        // Nombre de columnes
typedef int Hort[M][N];
```

L'entrada del problema és un hort h; les sortides són un booleà b que indica si es poden plantar bledes i un enter f que, en el cas que b sigui cert, indica a quina fila cal plantar les bledes. Per resoldre el problema n'hi ha prou d'aplicar l'esquema de cerca, començant per la fila més propera al riu (la M), cercant si es poden plantar bledes en aquella fila:

```
void AviPep (const Hort h, bool& b, int& f) {
    b = false;
    f = M - 1;
    while (not b and f >= 0) {
        if (Plantables(h, f)) b = true;
        else --f;
    }
}
```

La funció Plantables() indica si es poden plantar bledes a la fila f de l'hort h. Per fer-la, apliquem l'esquema de cerca a les columnes de la fila f. La cerca ha de comprovar que a cada parcel·la de la fila només hi hagi tomaqueres, bledes o res:

```
bool Plantables (const Hort h, int f) {
```

```
        bool b = true;
        int i = 0;
        while (b and i < N) {
            char c = h[f][i];
            if (c != 't' and c != 'b' and c != '-') b = false;
            else ++i;
        }
        return b;
}
```

Hem passat l'hort per referència constant per tal d'evitar còpies innecessàries d'una taula potencialment gran.

4.4 El pàrquing

Per calcular el percentatge de places lliures del pàrquing aplicarem la fórmula estàndard de càlcul de percentatges

$$Percent = \frac{nPlacesLliures}{N \cdot M} \cdot 100.0$$

on $N \cdot M$ és el total de les places a la matriu. Caldria, doncs, fer un recorregut de la matriu per comptar el nombre de places lliures. D'altra banda, per calcular quina és la fila més lliure, és a dir, l'índex de la fila més lliure, cal saber el nombre de places lliures per a cada fila a fi de fer comparacions per trobar la fila amb el màxim nombre de places lliures.

Considerem doncs el subproblema següent:

"Donada una matriu que representa el pàrquing i un índex d'una fila de la matriu, comptar el nombre de places lliures a la fila".

Dissenyem la funció següent que el resol:

```
int PlacesLliures (const int P[100][100], int N, int i) {
    int c = 0;
    for (int j = 0; j < N; ++j) {
        if (not P[i][j]) ++c;
    }
    return c;
}
```

Ara utilitzem aquesta funció per dissenyar l'acció que calcula el percentatge de places lliures (*percent*) i l'índex de la fila més lliure (*f*):

```
void Parquing (const int P[100][100], int M, int N, double& percent, int& f) {
    int n = 0, max = 0;
    for (int i = 0; i < M; ++i) {
        int s = PlacesLliures(P, i);
        n += s;
        if (s > max) {
            max = s;
            f = i;
```

```
        }
    }
    percent = (100.0 * n) / (M * N);
}
```

Observeu que *max* s'inicialitza a zero perquè tots els elements són positius.

4.5 Vols

Per poder treballar còmodament, definim primer el tipus Vols:

```
const int N = 50;

// Com que és una taula parcialment omplerta,
// definim un tuple amb la taula i la longitud
struct Vols {
    int vols[N][N];
    int n;
};
```

a) Per al disseny d'aquesta funció s'ha aplicat un esquema de recorregut sobre totes les ciutats (les ciutats són enters de 1 a n), comptabilitzant aquelles cap on que hi ha un vol que surt de la ciutat origen donada. Per comprovar si hi ha un vol utilitzem la funció HiHaVol() que, donada la informació dels vols (un tVols) i les ciutats *origen* i *destí*, ens ho calcula:

```
int NombreDeVols (const Vols V, int origen) {
    int n = 0;
    for (int desti = 0; desti < V.n; ++desti) {
        if (HiHaVol(V, origen, desti)) ++n;
    }
    return n;
}
```

La funció HiHaVol() només ha de comprovar que el valor de la taula a la posició corresponent a les ciutats *origen* (fila de la matriu) i *destí* (columna de la matriu) sigui diferent de 0:

```
bool HiHaVol (const Vols V, int origen, int desti) {
    return V.vols[origen][desti] != 0;
}
```

b) Per calcular la ciutat on fer escala s'ha de fer un recorregut de totes les ciutats tractant aquelles que són una possible escala (hi ha un vol que surt de la ciutat *origen* cap a ella i hi ha un vol que surt d'ella cap a la ciutat *destí*). El tractament consisteix a trobar l'escala on el temps total és mínim:

```
int OnFerEscala (const Vols V, int origen, int desti) {
    int tempsMin = -1, iMin;
    for (int i = 0; i < V.n; ++i) {
```

```
        if (HiHaVol(V, origen, i) and HiHaVol(V, i, desti)) {
            temps = V.vols[origen][i] + V.vols[i][desti];
            if (temps <= tempsMin or tempsMin == -1) {
                tempsMin = temps;
                iMin = i;
            }
        }
    }
    return iMin;
}
```

Observeu com hem inicialitzat *tempsMin* amb el valor especial -1 i hem tingut en compte aquest cas.

4.6 Punt de creu

Que un disseny es pugui fer amb només dos colors equival al fet que a la matriu hi hagi només els codis dels dos colors o, el que és equivalent, que cap element de la matriu és diferent dels codis dels dos colors. És evident, doncs, que cal aplicar l'esquema de cerca. Si denotem amb D la matriu del disseny i c_1, c_2 els codis dels dos colors, llavors la propietat de cerca es pot expressar:

existeixen i, j, $1 \leq i \leq M$, $1 \leq j \leq N$, tals que $D[i, j] \neq c_1$ i $D[i, j] \neq c_2$.

Apliquem l'esquema de cerca i obtenim la funció següent:

```
typedef int Disseny[50][50];

bool EsPot (const Disseny& D, int M, int N, int c1, int c2) {
    bool trobat = false;
    int i = 0;
    while (i < M and not trobat) {
        int j = 0;
        while (j < N and not trobat) {
            if (D[i][j] != c1 and D[i][j] != c2) trobat = true;
            else ++j;
        }
        ++i;
    }
    return not trobat;
}
```

4.7 Vector suma columnes

Per poder treballar còmodament, definim primer els tipus Matriu i Vector. Suposarem que la matriu és quadrada:

```
const int M = 50;
const int N = 50;
typedef int Vector[N];
```

```
typedef int Matriu[M][N];
```

Per dissenyar la funció s'ha d'aplicar un esquema de cerca sobre les columnes de la matriu, cercant una columna la suma de la qual no coincideixi amb la posició corresponent del vector. Per calcular la suma de la columna utilitzem la funció SumarColumna(), que dissenyarem posteriorment, la qual donada una matriu i un índex d'una columna calcula la suma d'aquesta:

```
bool VectorSuma (const Matriu& A, const Vector& v) {
    bool trobat = false;
    int j = 0;
    while (j < N and not trobat) {
        if (SumaColumna(A, j) != v[j]) trobat = true;
        else ++j;
    }
    return not trobat;
}
```

Ara dissenyem la funció SumaColumna(). Per calcular la suma de la columna s'ha d'aplicar un esquema de recorregut sobre les files de la columna donada:

```
int SumaColumna (const Matriu& A, int j) {
    int s = 0;
    for (int i = 0; i < M; ++i) s += A[i][j];
    return s;
}
```

4.8   Files i columnes perpendiculars

Hem de dissenyar una funció que compti el nombre de parelles ⟨fila, columna⟩ que són perpendiculars. Per a això apliquem l'esquema de recorregut; en concret, cal recórrer la matriu per files, i per a cada fila comptar el nombre de columnes perpendiculars amb ella. Per fer aquest comptatge cal fer un recorregut de totes les columnes comprovant quines són perpendiculars amb la fila.

Per facilitar el disseny d'aquesta funció, dissenyem prèviament una funció auxiliar que resolgui el següent subproblema:

"Donada la matriu A, l'índex i d'una fila i l'índex j d'una columna, calcular el producte escalar entre la fila i i la columna j."

Notem que per al disseny d'aquesta funció auxiliar cal aplicar l'esquema de recorregut per calcular el producte escalar entre la fila i la columna:

```
int ProducteEscalar (const int A[50][50], int N, int i, int j) {
    int p = 0;
    for (int k = 0; k < N; ++k) p += A[i][k] * A[k][j];
    return p;
}
```

Ara utilitzem aquesta funció per al disseny de la funció que se'ns demana:

```
int Perpendiculars (const int A[50][50], int N) {
    int c = 0;
    for (int i = 0; i < N; ++i) {
        for (int j = 0; j < N; ++j) {
            if (ProducteEscalar(A, i, j) == 0) ++c;
        }
    }
    return c;
}
```

4.9 El valor propi

Per a la solució del problema hem de dissenyar una funció que ens retorni un valor de tipus booleà que serà cert en cas que el valor λ existeixi i fals en cas contrari. Respecte a l'esquema, aplicarem l'esquema de cerca per comprovar si

$$\frac{u_1}{v_1} = \frac{u_2}{v_2} = \cdots = \frac{u_N}{v_N} = \lambda$$

i està clar que la propietat de cerca és:

$$\text{existeix } i,\ 1 \leq i \leq N-1 \text{ tal que } \frac{u_i}{v_i} \neq \frac{u_{i+1}}{v_{i+1}}.$$

Per facilitar el disseny de la funció, dissenyem una funció auxiliar que donada la matriu A, el vector v i l'índex i d'una fila ens calcula el producte de la fila i-èsima de la matriu A amb el vector v:

```
double ProducteEscalar (const int A[N][N], const int v[N], int i) {
    double p = 0;
    for (int j = 0; j < N; ++j) p += A[i][j] * v[j];
    return p;
}
```

Ara utilitzem aquesta funció per dissenyar la funció que se'ns demana. Observem abans, però, que és suficient comprovar que totes les fraccions són iguals a la primera fracció, amb la qual cosa la propietat de cerca es pot reescriure com:

$$\text{existeix } i,\ 2 \leq i \leq N \text{ tal que } \frac{u_i}{v_i} \neq \frac{u_1}{v_1}.$$

Llavors, a la funció a dissenyar primer haurem de calcular u_1/v_1 per després utilitzar-ho a la propietat de cerca:

```
double ValorPropi (const int A[N][N], const int v[N]) {
    bool trobat = false;
    double lambda = ProducteEscalar(A, v, 0) / v[0];
    int i = 1;
    while (i < N and not trobat) {
        if (ProducteEscalar(A, v, i) / v[i] != lambda) trobat = true;
        else ++i;
    }
    return not trobat;
}
```

4.10   La planificació de tasques

L'algorisme es basa en un recorregut de la seqüència d'entrada processant les tasques que hi apareixen. Per a cada tasca, incrementarem el nombre de minuts de feina que té el treballador correspondent, sumant-li la durada de la tasca. Per fer això, disposarem d'una taula indexada per identificador de treballador, que a cada posició consigni el nombre de minuts que el treballador necessita per executar les tasques que té assignades. Inicialment totes les posicions han de valer zero, perquè cap treballador té encara cap treball. Finalment, un cop processades totes les tasques, cal recórrer en aquest vector per trobar el treballador que té més minuts de feina; aquest serà el resultat demanat:

```
const int N = 10000;
typedef int Treballadors[N];

int main () {
    int n;  cin >> n;
    int dur, treb;  cin >> dur >> treb;
    Treballadors t;
    Inicialitzar(t);
    while (dur!=0 or treb!=0) {
        t[treb] += dur;
        cin >> dur >> treb;
    }
    cout << Maxim(t) << endl;
}
```

L'acció Inicialitzar() aplica un esquema de recorregut a les posicions de la taula t, posant-les a zero:

```
void Inicialitzar (Treballadors t) {
    for (int i = 0; i < n; ++i) t[i] = 0;
}
```

La funció Màxim() rep una taula t de tipus *Treballador* i en retorna el valor màxim. Es tracta d'un esquema de recorregut del vector, cercant el valor màxim:

```
int Maxim (const Treballadors t) {
    int m = t[0];
    for (int i = 1; i < N; ++t) {
        if (t[i] > m) m = t[i];
    }
    return m;
}
```

4.11   La suma per capes

L'algorisme es basa en un recorregut de les capes de la matriu, obtenint per a cadascuna la seva suma. El pseudocodi és el següent:

⟨*situar-se sobre la primera capa*⟩
mentre no ⟨*darrera capa*⟩ **fer**
   ⟨*calcular suma capa actual*⟩
   ⟨*situar-se sobre la capa següent*⟩
fmentre

Aquesta és la descripció dels elements d'alt nivell utilitzats:

- ⟨*situar-se sobre la primera capa*⟩: Simplement, inicialitzem un comptador k a 1.

- ⟨*darrera capa*⟩: Cal veure si el nombre de capes és just la meitat del nombre N de files/columnes (més 1 si el nombre és senar).

- ⟨*calcular suma capa actual*⟩: És la part central de l'algorisme. Cal veure que els elements a sumar quan tractem la capa k són: els que són a la fila k entre les columnes k i $N - k - 1$, els que són a la fila $N - k - 1$ entre les columnes k i $N - k - 1$, els que són a la columna k entre les files k i $N - k - 1$ i els que són a la columna $N - k - 1$ entre les files k i $N - k - 1$. Cal anar amb compte de no sumar dues vegades els elements que compleixen més d'una d'aquestes condicions, que són els de les cantonades de la capa.

- ⟨*situar-se sobre la capa següent*⟩: Incrementa el comptador k de capes.

Per poder treballar còmodament, definim primer els tipus *Vector* i *Matriu*:

```
typedef vector<int> Vector;
typedef vector<Vector> Matriu;
```

Comencem a dissenyar l'acció. El paràmetre d'entrada serà la matriu M i el de sortida el vector v amb la suma per capes de M. Pel que fa a la part central de l'algorisme, la suma d'una capa, tindrem dues variables auxiliars `prim` i `ult` que determinen les primeres i darreres files i columnes de la capa, és a dir, `prim` $= k$ (en realitat `prim` és innecessària, però la deixem per claredat) i `ult` $= N - k - 1$. A cada pas del bucle central se sumen de cop quatre elements al resultat, un per a cada tram de la capa (vegeu l'explicació anterior):

```
const int N = 100;
const int N2 = N / 2 + N%2;

typedef int Vector[N2];
typedef int Matriu[N][N];

void SumarCapes (const Matriu M, Vector v) {
    for (int k = 0; k < N2; ++k) {
        int prim = k, ult = N - k + 1;
        v[k] = 0;
        for (int i = k; i < ult; ++i) {
            v[k] += M[prim][i] + M[ult][i+1] + M[i+1][prim] + M[i][ult];
        }
    }
    if (N%2 == 1) v[N/2] = M[N/2][N/2];
}
```

4.12 El monitor monocrom^{TM}

L'algorisme es pot plantejar com un recorregut dels quadrats de l'entrada, on per a cada quadrat cal actualitzar la superfície del monitor, que es representa mitjançant una taula bidimensional de booleans (**cert**: píxel negre; **fals**: píxel blanc):

⟨*inici de recorregut*⟩
⟨*situar-se sobre el primer quadrat*⟩
mentre no ⟨*darrer quadrat*⟩ **fer**
    ⟨*tractar quadrat actual*⟩
    ⟨*situar-se sobre el següent quadrat*⟩
fmentre
⟨*final de recorregut*⟩

Aquesta és la descripció dels elements d'alt nivell utilizats:

- ⟨*inici de recorregut*⟩: Posar tota la superfície de color blanc.

- ⟨*situar-se sobre el primer/següent quadrat*⟩: Llegir el primer caràcter que codifica la primera ordre relativa al quadrat en curs.

- ⟨*darrer quadrat*⟩: Detectar el caràcter '.'.

- ⟨*tractar quadrat*⟩: Cal anar restringint l'àrea del quadrat fins trobar l'ordre de pintar (caràcter 'x') en la seqüència d'entrada, moment en el qual cal pintar de negre els píxels de l'àrea seleccionada.

- ⟨*final de recorregut*⟩: Mostrar el dibuix per a la sortida.

Per començar, definim un tipus per al monitor i una acció auxiliar que posa totes les seves posicions a fals fent un recorregut en dues dimensions:

```
const int N = 16;
typedef bool Monitor[N][N];

void NetejarMonitor (Monitor& M) {
    for (int i = 0; i < N; ++i) {
        for (int j = 0; j < N; ++j) {
            M[i][j] = false;
        }
    }
}
```

El punt central de l'algorisme és el tractament d'un quadrat, que codifiquem mitjançant una acció auxiliar TractarQuadrat(M, c), on M és el monitor de treball i c és el caràcter actual en la seqüència d'entrada. Es tracta d'un esquema de cerca amb tractament: es cerca el caràcter 'x' i, alhora, es va restringint l'àrea de treball. L'àrea de treball es representa amb tres variables: l'extrem superior esquerre (dos enters) i la longitud del costat del quadrat. Com a tractament final, es posen a **cert** les posicions de la taula corresponents a l'àrea final:

```
void TractarQuadrat (Monitor M, char c) {
    // Primer pas: calcular de l'àrea de treball
    int x = 0;  int y = 0;  int l = N - 1;
```

```
        while (c != 'x') {
            l /= 2;
            if (c=='2') {              // quadrant superior dret
                x += 1;
            } else if (c=='3') {       // quadrant inferior dret
                x += 1;  y += 1;
            } else if (c =='4') {      // quadrant inferior esquerre
                y += 1;
            }                          // res pel quadrant superior esquerre
        }
        // Segon pas: pintar l'àrea
        for (int i = x; i <= x+1; ++i) {
            for (int j = y; y <= y+1; ++j) {
                M[i][j] = true;
            }
        }
    }
}
```

La forma final que pren l'algorisme és, doncs:

```
int main () {
    Monitor M;
    NetejarMonitor(M);
    char c;
    cin >> c;
    while (c != '.') {
        TractarQuadrat(M, c);
        cin >> c;
    }
}
```

4.13 La codificació de missatges

L'algorisme es pot plantejar com un recorregut del missatge. Sota aquesta estratègia, hi ha dues implementacions possibles: tractar els caràcters un a un o considerar grups de caràcters no-vocals consecutius, tractant-los tots junts. Aquesta segona opció dóna un resultat conceptualment més clar i per això l'escollim. Obtenim com a esborrany:

⟨*inici de recorregut*⟩
⟨*obtenir primer grup de no-vocals*⟩
mentre no ⟨*missatge acabat*⟩ **fer**
    ⟨*tractar grup de no-vocals*⟩
    ⟨*obtenir següent grup de no-vocals*⟩
fmentre
⟨*final de recorregut*⟩

Aquesta és la descripció dels elements d'alt nivell emprats anteriorment:

- ⟨*inici de recorregut*⟩: En aquest cas no fa res, com quedarà més clar en l'explicació de la resta de l'esquema.

- ⟨*obtenir primer/següent grup de no-vocals*⟩: L'algorisme anirà llegint caràcters vocals i, d'acord amb l'algorisme de descodificació, els anirà escrivint.

- ⟨*missatge acabat*⟩: Detecció del caràcter '.'.

- ⟨*tractar grup de no-vocals*⟩: Llegirà els caràcters no-vocals consecutius i els anirà guardant en una taula, per poder aplicar-los les transformacions definides per l'algorisme de descodificació. Cal destacar que l'algorisme de descodificació ha d'actuar de manera inversa al de codificació, que és el que s'ha descrit a l'enunciat.

- ⟨*final de recorregut*⟩: Escriurà el punt finalitzador de missatge.

Per poder treballar còmodament utilitzem `strings` per guardar grups de no-vocals. També definim una funció que determina si un caràcter és vocal o no és vocal:

```
bool EsVocal (char c) {
    return c=='a' or c=='e' or c=='i' or c=='o' or c=='u'
        or c=='A' or c=='E' or c=='I' or c=='O' or c=='U';
}
```

La part central de l'algorisme és el tractament de la tira de no-vocals. Definim quatre accions auxiliars més: la primera, LlegirTira(), per llegir i guardar la tira dins de la taula; la segona, Capgirar(), per capgirar els elements de la tira; la tercera, Mesclar(), per posar els senars i els parells en el seu lloc; la quarta, EscriureTira(), per escriure el resultat. Per motius d'equilibri, definim una cinquena acció SaltarVocals() que llegeix i escriu directament les tires de vocals. Les accions de lectura han de passar com a paràmetre d'entrada/sortida el darrer caràcter llegit, per no perdre'l. Usant aquestes accions, l'algorisme principal queda:

```
int main () {
    char c;  cin >> c;
    string t;
    SaltarVocals(c);          // Llegir i escriure el primer grup de vocals
    while (c != '.') {
        LlegirTira(t, c);     // Llegir i guardar un grup de no-vocals
        Mesclar(t);           // Primer, tornar els parells i senars al seu lloc
        Capgirar(t);          // Després, capgirar la tira
        EscriureTira(t);      // Escriure el resultat de la descodificació
        SaltarVocals(c);      // Llegir i escriure el següent grup de vocals
    }
    cout << c << endl;
}
```

El refinament d'aquestes accions auxiliars queda com segueix:

L'acció següent salta les següents vocals de l'entrada, deixant en *c* el darrer caràcter llegit. Es tracta d'un esquema de cerca del primer caràcter no-vocal amb un tractament addicional per escriure el caràcter actual:

```
void SaltarVocals (char& c) {
    while (EsVocal(c)) {
        cout << c;
        cin >> c;
```

```
        }
    }
```

L'acció LlegirTira(t, c) guarda en t la tira de no-vocals llegida i deixa en c el darrer caràcter llegit. Es tracta d'una cerca de la primera vocal, amb tractament per guardar el caràcter actual:

```
void LlegirTira (string& t, char& c) {
    t = "";
    while (c != '.' and not EsVocal(c)) {
        t += c;
        cin >> c;
    }
}
```

D'altra banda, l'acció EscriureTira() escriu una tira de no-vocals ja traduïda, simplement escrivint la cadena:

```
void EscriureTira (string t) {
    cout << t;
}
```

L'acció Mesclar() serveix per posar els senars i els parells en el seu lloc d'una taula t amb la tira de no-vocals a tractar. L'esquema aplicat és el recorregut dels caràcters de t. Recordem que la primera meitat dels elements de t es correspon amb els caràcters que en codificar, després de capgirar el missatge inicial, ocupaven posicions senars; i la segona meitat, parells. Per això, cal determinar quina és la posició central de la taula (**mig**):

```
void Mesclar (string& t) {
    string t2(t.size());
    int mig = t.size()/2 + t.size()%2;
    for (int k = 0; k < mig; ++k) t2[2*(k+1)-1] = t[k];
    for (int k = mig; k < t.size(); ++k) t2[2*(k+1-mig)] = t[k];
    t = t2;
}
```

Finalment, l'acció Capgirar() aplica un esquema de recorregut dels caràcters de la tira, intercanviant parells que ocupen posicions simètriques. No cal una taula auxiliar:

```
void Capgirar (string& t) {
    for (int k = 0; k < t.size()/2; ++k) {
        char c = t[k];  t[k] = t[t.size()-k+1];  t[t.size()-k+1] = c;
    }
}
```

4.14 Generació de permutacions

L'algorisme es basa en la generació successiva de permutacions començant per la primera fins a l'última i a cada pas escriure la permutació actual. Les permutacions es poden representar mitjançant una taula de booleans (**cert** per a 1, **fals** per a 0).

L'esquema queda:

⟨*obtenir primera permutació*⟩
mentre no ⟨*és la darrera permutació*⟩ **fer**
    ⟨*escriure permutació*⟩
    ⟨*obtenir següent permutació*⟩
fmentre
⟨*escriure permutació*⟩

La descripció dels elements d'alt nivell utilizats és:

- ⟨*obtenir primera permutació*⟩: Posa totes les posicions de la taula a **fals**, representant la permutació 000...0.

- ⟨*és la darrera permutació*⟩: Compara la permutació actual amb la 111...1.

- ⟨*escriure permutació*⟩: Escriu el contingut de la taula traduint els booleans a enters.

- ⟨*obtenir següent permutació*⟩: Genera la permutació següent a una de donada segons l'ordre dels nombres binaris.

Per poder treballar còmodament definim un tipus tPermutació que es correspon a una taula de booleans:

```
const int N = 10;
typedef bool Permutacio[N];
```

Igualment, definim algunes funcions i accions auxiliars, una per a cada part de l'algorisme. La primera acció posa en P la permutació amb tot falsos:

```
void PrimeraPermutacio (Permutacio& P) {
    for (int k = 0; k < N; ++k) P[k] = false;
}
```

L'acció EscriurePermutació() escriu la permutació donada aplicant un esquema de recorregut de les posicions de la taula i acabant amb un salt de línia:

```
void EscriurePermutacio (const Permutacio& P) {
    for (int k = 0; k < N; ++k) cout << P[k];
    cout << endl;
}
```

La funció següent comprova si una permutació donada és tot uns, aplicant una cerca de la primera posició a fals:

```
bool DarreraPermutacio (const Permutacio& P) {
    for (int k = 0; k < N; ++k) {
        if (not P[k]) return false;
    }
    return true;
}
```

Només queda fer una acció per calcular la permutació successora d'una de donada. Aquí cal aplicar els nostres coneixements sobre les representacions binàries de les dades, per saber quin procés cal efectuar: En sumar 1 a un nombre binari, cal anar canviant els uns per zeros fins a trobar el primer zero, que esdevé u. Tot això començant pel bit menys significatiu, és a dir, per la dreta en el nostre cas.

Així, en aquest cas aplicarem un esquema de cerca amb tractament: Es cerca la primera posició a fals, posant a fals les posicions per les quals es passa; com a tractament final, la posició trobada es posa a cert. Com a precondició cal que la permutació no sigui l'última (és a dir, que hi hagi alguna posició a fals).:

```
void PermutacioSeguent (Permutacio& P) {
    int k = N - 1;
    bool b = false;
    while (not b) {
        if (not P[k]) b = true;
        else {
            P[k] = false;
            --k;
        }
    }
    P[k] = true;
}
```

La forma final que pren l'algorisme és:

```
int main () {
    Permutacio P;
    PrimeraPermutacio(P);
    while (not DarreraPermutacio(P)) {
        EscriurePermutacio(P);
        PermutacioSeguent(P);
    }
    EscriurePermutacio(P);
}
```

4.15　El segment nul més llarg

En primera instància, podem plantejar l'algorisme com un recorregut de tots els segments de la taula, comprovant si és nul i, en cas de ser-ho, mirant si la seva longitud és més gran que el segment nul més llarg fins aquell moment:

⟨*obtenir primer segment*⟩
mentre no ⟨*darrer segment*⟩ **fer**
　⟨*tractar segment actual*⟩
　⟨*obtenir següent segment*⟩
fmentre
⟨*escriure resultat*⟩

Hi ha, però, una millora òbvia a efectuar. Considerem el procés més simple possible de generació de segments: començant per la posició 0, generem tots els segments que contenen aquesta posició. Després, generem els que tenen la posició 1. A continuació, els de la 2, i així successivament. Donada aquesta estratègia, si en un punt de l'algorisme la longitud màxima provisional és k, no cal considerar tots els segments que comencen a partir de la posició $N - k$, perquè la seva longitud mai serà més gran que k i per això no fan variar el resultat. En conseqüència, passem d'un esquema de recorregut a un esquema de cerca:

$\langle$_obtenir primer segment_$\rangle$
mentre no $\langle$_darrer segment_$\rangle$ **i** $\langle$_la solució pot variar_$\rangle$ **fer**
　　$\langle$_tractar segment actual_$\rangle$
　　$\langle$_obtenir següent segment_$\rangle$
fmentre
$\langle$_escriure resultat_$\rangle$

D'aquest esbós, ens apareixen les tasques següents:

- $\langle$_obtenir primer segment_$\rangle$: Enregistrarem el primer segment mitjançant un parell de variables esq i dre que denoten les fites esquerra i dreta del segment, respectivament. Llavors, inicialitzem esq $=$ dre $= 0$. A més, tindrem en tot moment calculada la suma de les posicions del segment actual mitjançant una nova variable sum, de manera que inicialment sum $= t[0]$.

  Es podria pensar que és més lògic generar d'entrada el segment que va de la posició 0 a la $N - 1$, però no ho fem perquè per calcular la suma de les seves posicions cal anar sumant precisament la suma dels segments que són prefix d'aquest més llarg, la qual cosa seria redundant.

- $\langle$_inicialitzar solució_$\rangle$: Tindrem una variable longi que contindrà la longitud del segment nul més llarg trobat fins aleshores. Inicialment, longi $= 0$.

- $\langle$_darrer segment_$\rangle$: Deixarem de tenir segments en el moment que la fita esquerra valgui N, és a dir, quan esq $\geq N$.

- $\langle$_la solució pot variar_$\rangle$: Mentre la fita esquerra del segment actual permeti que es generin segments de longitud més gran que longi, es pot trobar un segment nul que faci canviar el resultat. L'expressió corresponent és $N - $ esq $>$ longi.

- $\langle$_tractar segment actual_$\rangle$: Com que tenim la suma de les posicions del vector ja calculades, només cal comprovar si aquesta suma és zero i, en aquest cas, si la longitud dre $-$ esq $+ 1$ del segment actual és més gran que longi, actualitzar longi.

- $\langle$_calcular següent segment_$\rangle$: En principi, l'únic que sembla que hem de fer és distingir dos casos: si dre $= N - 1$, vol dir que hem generat tots els segments que comencen per la posició esq, i llavors cal començar a generar els segments que comencen per la esq $+ 1$; si dre $< N - 1$, vol dir que encara queden segments començant per la posició esq i generem el següent, que és el que acaba a la posició dre. Ara bé, en el primer cas, també hi ha una cosa a tenir en compte: no cal examinar tots els segments que tenen longitud més petita o igual a longi, perquè no alteren la solució. El primer segment que considerem és, doncs, el segment que va de la posició esq a la posició esq $+$ longi. En tot cas, cal actualitzar sum convenientment. I cal anar amb alerta per no portar dre més enllà de la posició N.

- $\langle$_escriure resultat_$\rangle$: Mostra la longitud del segment nul més llarg.

La forma final que pren l'algorisme és, doncs:

```
int SegmentNul (const int t[], int N) {
    int esq = 0, dre = 0, sum = t[0];
```

```
int longi = 0;
while (esq < N-1 and N-esq+1 >= longi) {
    if (sum == 0 and dre-esq+1 > longi) {
        longi = dre-esq+1;
    }
    if (dre < N - 1) {
        ++dre;  sum += t[dre];
    } else {
        ++esq;  dre = esq;  sum = t[esq];
        while (dre < N-1 and dre-esq+1 <= longi) {
            ++dre;  sum += t[dre];
        }
    }
}
return longi;
}
```

5

Tuples i estructures de dades

5.1 La farmacèutica de Sant Cugat

Per començar aquest tipus de problemes, cal primer definir les constants que apareixen a l'enunciat:

```
const int MAX_FARMCS = 1000;
const int MAX_DISTRS = 20;
```

Després, la tasca més important a realitzar és estudiar atentament l'enunciat, identificant quins són els objectes, les persones o els conceptes que hi apareixen. En aquest cas, els conceptes principals són fàrmacs i distribuïdors. N'hi ha d'altres de secundaris com ara preus, dates, codis de barres, telèfons, noms i categories.

A continuació cal trobar quines són les relacions que tenen els conceptes entre ells, la informació que es vol guardar per a cada concepte que hi apareix i representar els tipus corresponents. Per exemple, per als distribuïdors, caldria definir un tuple amb camps per a un nom, una adreça de correu i un número de telèfon. Així, el tipus Distribuïdor queda com segueix:

```
struct Distribuidor {
    string nom;
    string adreca;
    int telefon;
};
```

Com que de distribuïdors n'hi poden haver fins a *MAX_DISTRS*, necessitarem mantenir una llista de distribuïdors. Ho farem utilitzant una taula de distribuïdors i un comptador:

```
struct LlistaDistribuidors {
    Distribuidor distribuidors[MAX_DISTRS];
    int N;
```

```
};
```

Per als fàrmacs, caldria definir un tuple amb camps per a un nom, un codi de barres, un preu, un armari, una data de fabricació i una data de caducitat; una categoria, una quantitat en estoc, un camp per saber si és genèric o no i un camp per saber quin distribuïdor l'ha subministrat. En conseqüència, el tipus Fàrmac queda com segueix:

```
struct Farmac {
    string nom;
    long int cBarres;
    double preu;
    int dataf;
    int datac;
    bool generic;
    string categoria;
    int armari;
    int distrib;  // Enllaça al distribuïdor
};
```

Quan ens aparegui un camp susceptible de contenir molta informació redundant, enlloc de fer una relació de conteniment, haurem de pensar en alguna altra alternativa. Aquest és el cas del camp *distrib* de Fàrmac: Com que tenim prop de 10000 fàrmacs però només uns 20 distribuïdors, si cada fàrmac contingués un Distribuïdor, tindríem que la informació de cada distribuïdor estaria replicada uns 500 cops! Com que això és inadmissible, cal pensar en altres solucions. En aquest cas, triem codificar un distribuïdor a través d'un enter, que representarà la posició on es troba guardada la informació del distribuïdor corresponent a la taula de la llista de distribuïdors (LlistaDistribuïdors).

Com que de fàrmarcs n'hi poden haver molts (com a molt MAX_FARMCS), necessitarem mantenir una llista de fàrmacs similar a la de distribuïdors:

```
struct LlistaFarmacs {
    Farmac farmacs[MAX_FARMCS];
    int N;
};
```

Per deixar clar que la informació de la farmàcia consisteix en la llista de fàrmacs i de distribuïdors definim el tipus Farmàcia:

```
struct Farmacia {
    LlistaFarmacs farms;
    LlistaDistribuidors distrs;
};
```

Ara ja només ens queda definir algun tipus menor:

```
struct Data {
    int dia, mes, any;
};
```

Per al tipus CodiBarres no tenim prou informació a l'enunciat, però possiblement un enter faria al fet i així s'ha optat fer-ho. Per al tipus Telèfon hem considerat que un enter seria suficient, però probablament en casos reals caldria fer-ho millor.

Evidentment, caldria posar en una sola secció de tipus totes aquestes definicions.

5.2   El parc mòbil d'Igualada

Cal dissenyar les estructures de dades adients per mantenir la informació del parc mòbil, en concret la informació sobre els conductors, sobre els vehicles i les infraccions. Si disposéssim dels tipus Conductor, Vehicle, Infracció ens seria fàcil mantenir la informació del parc mòbil. A part d'aquests tipus necessitarem també alguns tipus menors com ara Data per mantenir la informació d'una data.

Un aspecte a decidir és com mantenir la informació sobre les categories que té un conductor. Aquesta informació es mantindria fàcilment amb una taula de dimensió 12 (nombre total de categories) i de valors booleans en què cada component i-èsim de la taula seria **true** si el conductor té la categoria i-èsima corresponent i **false** en cas contrari. Remarquem que malgrat podem definir un tipus enumerat per a les categories el qual definiria un conjunt ordinal, doncs, aquest últim no es pot utilitzar per indexar la taula ja que les taules de C++ s'indexen sobre valors enters no negatius.

Per últim, cal anar amb compte a l'hora de codificar els camps susceptibles de contenir molta informació redundant, com ara el camp per mantenir la informació del propietari a dins d'un tuple de tipus Vehicle o el camp per mantenir la informació del conductor a dins d'un tuple de tipus Infracció:

```
const int MAX_VEH = 5000;
const int MAX_COND = 10000;
const int MAX_INF = 10000;

enum Classe {motocicleta,turisme,vehicle_pesat};

enum Categoria {A1,A,B,C1,C,D1,D,E_B,E_C1,E_C,E_D1,E_D};

struct Data {
    int dia, mes, any;
};

struct Vehicle {
    string matricula;
    Classe classe;
    string marca;
    string model;
    int DNIProp;
};

struct Conductor {
    Data dataNaixement;
    string nom, cognom1, cognom2;
    int DNI, codiPostal;
    string adreca, poblacio;
    int categories[12];
};
```

```
struct Infraccio {
    string matricula;
    int codi;
    double import;
    int DNICond;
};

struct Vehicles {
    Vehicle vehicles[MAX_VEH];
    int nVehicles;
};

struct Conductors {
    Conductor conductors[MAX_COND];
    int nConductors;
};

struct Infraccions {
    Infraccio infraccions[MAX_INF];
    int nInfraccions;
};

struct ParcMobil {
    Vehicles vehicles;
    Conductors conductors;
    Infraccions infraccions;
};
```

5.3   La biblioteca de Castelldefels

La informació a mantenir per a la biblioteca consisteix en la informació de les publicacions que té, la informació dels diferents autors dels quals té alguna publicació i la informació de les plantes de la biblioteca. Així, com a primer pas, definim un tipus Biblioteca que és un tuple amb un camp per a cadascuna d'aquestes informacions: Publicacions, Autors i Plantes. Fixeu-vos que els camps Publicacions i Autors els declarem com a tipus LlistaPublicacions i LlistaAutors respectivament perquè com que el nombre de publicacions i d'autors pot variar, els representarem amb taules parcialment omplertes (la taula i la seva longitud), mentre que el camp Plantes el declarem directament com a una taula de 10 components perquè el nombre de plantes que té la biblioteca és fix.

Respecte als tipus per mantenir la informació d'una publicació, un autor o una planta són tuples amb un camp per a cadascuna de les informacions que es volen mantenir per a cada un d'ells. Aquests camps són tipus menors el disseny dels quals és conegut.

Per últim, cal anar amb compte a l'hora de codificar els camps susceptibles de contenir molta informació redundant, com ara el camp per mantenir la informació de l'autor principal a dins d'un tuple de tipus Publicació per al qual tenim bàsicament dues possibilitats: mantenir l'identificador (en aquest cas el nom) o mantenir l'índex corresponent a la posició de la taula on es troba la informació d'aquest autor. En aquesta solució s'ha optat per mantenir l'identificador:

```
const int MAX_PUB = 100000;
const int MAX_AUT = 1000;
const int N_PLAN  = 10;

enum Cataleg {ciencia, literatura, esport};

struct Data {
    int dia, mes, any;
};

struct Publicacio {
    int codi, nPagines, nExemplars, planta;
    string titol, nomAutors;
    Cataleg catalogacio;
    bool exclosa;

};

struct LlistaPublicacions {
    Publicacio publicacions[MAX_PUB];
    int nPublicacions;
};

struct Autor {
    string nom, nacionalitat;
    int nPublicacions;
    Data dataNaixement;
};

struct LlistaAutors {
    Autor autors[MAX_AUT];
    int nAutors;
};

struct Planta {
    string nom;
    Cataleg dedicacio;
};

struct Biblioteca {
    LlistaPublicacions publicacions;
    LlistaAutors autors;
    Planta plantes[N_PLAN];
};
```

5.4   La Universitat de Mataró

La informació a mantenir per a la universitat consisteix en la informació dels departaments
i la informació de les seccions. Així, com a primer pas, definim un tipus Universitat que és
un tuple amb un camp per a cadascuna d'aquestes informacions: *Departaments* i *Seccions*.
Cal comentar que la informació de les seccions no es manté dins de la informació dels
departaments perquè el nombre màxim de seccions és per a tota la universitat i no per
departament. Això implica que per a cada secció s'haurà de mantenir el departament
(només l'identificador) al qual pertany.

Respecte als tipus per mantenir la informació d'un departament i d'una secció, aquests
són tuples amb un camp per a cadascuna de les informacions que es volen mantenir per a
cada un d'ells. Aquests camps són de tipus menors el disseny dels quals és conegut:

```
const int MAX_DEP = 20;
const int MAX_SEC = 80;

enum Dedicacio {docencia, recerca, docenciaIrecerca};

enum Branca {ciencia, literatura, art};

struct Seccio {
    int codi;
    int departament; // Codi del departament al qual pertany
    string nom;
    int nProfessors;
    Dedicacio dedicacio;
};

struct LlistaSeccions {
    Seccio seccions[MAX_SEC];
    int nSeccions;
};

struct Departament {
    int codi;
    string nom;
    Branca branca;
};

struct LlistaDepartaments {
    Departament departaments[MAX_DEP];
    int nDepartaments;
};

struct Universitat {
    LlistaDepartaments departaments;
    LlistaSeccions seccions;
};
```

5.5 L'associació de titulats

La solució d'aquest problema segueix el mateix patró d'altres problemes anteriors similars:

```
const int MAX_TIT = 10000;

struct Data {
    int dia, mes, any;
};

struct DadesPersonals {
    string nom, cognom1, cognom2, adreca;
    int DNI, telefon;
    Data dataNaixement;
};

enum Especialitat {Textil, Quimica, Mecanica, Electricitat,
                   Electronica, SoIImatge};

struct PFC {
    string titol, departament;
    double nota;
};

struct DadesAcademiques {
    Especialitat especialitat;
    int any;
    double nota;
    PFC pfc;
};

struct DadesLaborals {
    bool aturat;
    bool viatjar;
    double souMinim;
};

struct Titulat {
    DadesPersonals dadesPersonals;
    DadesAcademiques dadesAcademiques;
    DadesLaborals dadesLaborals;
};

struct LlistaTitulats {
    Titulat titulats[MAX_TIT];
    int nTitulats;
};
```

5.6   La xarxa de concessionaris

La solució segueix el mateix patró d'altres exercicis similars:

```
const int MAX_CONC  = 50;
const int MAX_EMPL  = 500;
const int MAX_ESTOC = 3000;
const int MAX_CLI   = 2000;

enum Departament {vendes, taller, administracio};

struct Data {
    int dia, mes, any;
};

struct DadesPersonals {
    Data dataNaixement;
    string nom, cognoms, adreca;
    int DNI,tfn;
};

struct DadesPropiesConcessionari {
    int codi,tfn;
    string nom,adreca;
};

struct Empleat {
    DadesPersonals dadesPersonals;
    Data dataEntrada;
    Departament departament;
};

struct Cotxe {
    int bastidor;
    string nom;
    double preu;
    string color;
    bool venut;
};

struct Client {
    Data dataDarreraCompra;
    DadesPersonals dadesPersonals;
    int nCotxesComprats;
    string nomDarrerModel;
};

struct LlistaEmpleats {
    Empleat empleats[MAX_EMPL];
    int nEmpleats;
};

struct LlistaCotxes {
```

```
        Cotxe cotxes[MAX_ESTOC];
        int nCotxes;
};

struct LlistaClients {
    Client clients[MAX_CLI];
    int nClients;
};

struct Concessionari {
    DadesPropiesConcessionari dadesPropies;
    LlistaEmpleats empleats;
    LlistaCotxes cotxes;
    LlistaClients clients;
};

struct Xarxa {
    Concessionari concessionaris[MAX_CONC];
    int nConcessionaris;
};
```

5.7 El museu de pintura

La solució d'aquest problema segueix el mateix patró d'altres problemes similars:

```
const int N_PAV   = 20;
const int MAX_QUAD = 1000;
const int MAX_AUT  = 100;

enum Escola {surrealista, impressionista,cubista, renaixentista};

struct Data {
    int dia, mes, any;
};

struct Pavello {
    int codi, nSales;
    string nom;
    Escola escola;
};

struct Mides {
    int alcada, amplada;
};

struct Quadre {
    int codi;
    string nomQuadre;
    string nomAutor;
```

```
        double valor;
        bool original;
        Mides mides;
        Escola escola;
        int pavello; // Codi del pavelló on està exposat el quadre
    };

    struct LlistaQuadres {
        Quadre quadres[MAX_QUAD];
        int nQuadres;
    };

    struct Autor {
        string nom, nacionalitat;
        int nQuadres;
        Data dataNaixement;
        Data dataDefuncio;
    };

    struct LlistaAutors {
        Autor autors[MAX_AUT];
        int nAutors;
    };

    struct Museu {
        Pavello pavellons[N_PAV];
        LlistaQuadres quadres;
        LlistaAutors autors;
    };
```

5.8 Províncies

a) Per calcular la densitat d'un estat e, caldrà sumar la superfície de totes les seves comunitats i sumar els habitants de cada província dins de cada comunitat. Això es pot fer senzillament aplicant un esquema de recorregut a una taula parcialment plena i introduint una funció que calculi el nombre d'habitants en una comunitat:

```
    double Densitat (const Estat& e) {
        double s = 0.0;
        int h = 0;
        for (int i = 0;i < e.nc; ++i){
            s = s + e.tc[i].sup;
            h = h + HabitantsComunitat(e.tc[i]);
        }
        return double(h)/s;
    }
```

Observeu que suposem que la superfície s no val zero; altrament hi hauria una divisió per zero.

D'altra banda, per calcular el nombre d'habitants en una comunitat és suficient aplicar un altre cop un esquema de recorregut:

```
int HabitantsComunitat (const Comunitat& c) {
    int h = 0;
    for (int i = 0;i < c.np; ++i)
        h = h + c.tp[i].habs;
    return h;
}
```

b) Cal fer un recorregut per totes les comunitats, mirar si el seu nombre d'habitants és superior a h i, en cas afirmatiu, escriure el seu nom. Aprofitem la funció HabitantsComunitat() feta anteriorment i fem aparèixer una nova acció per escriure una paraula:

```
void Llistar (const Estat& e, int h) {
    for (int i = 0; i < e.nc; ++i)
        if (HabitantsComunitat(e.tc[i]) > h) cout << e.tc[i].nom;
}
```

5.9 L'hospital de Manresa

a) Per calcular el nombre dels malalts que pateixen la malaltia amb codi donat cal fer un recorregut de la taula dels malalts. Per a cada component d'aquesta taula, és a dir, per a cada malalt, cal comprovar si pateix la malaltia amb el codi donat. Tenim identificat, doncs, el subproblema següent:

"Donat un malalt i el codi d'una malaltia, indicar si el malalt pateix aquesta malaltia".

Per a aquest subproblema, dissenyem una funció que retorni **true** si el malalt pateix la malaltia amb codi donat i **false** en cas contrari. Quant al disseny d'aquesta funció, observem que cal fer cerca del codi donat a la taula *codisMalalties* del malalt. Així doncs, tenim la funció següent:

```
bool PateixMalaltia (Malalt m, int codi){
    int i = 0;
    bool trobat = false;
    while (!trobat && i < m.malalties.nMalaltiesPacient)
        if (m.malalties.codisMalalties[i] == codi) trobat = true;
        else ++i;
    return trobat;
}
```

Ara utilitzem aquesta funció per dissenyar la funció que calcula el nombre de malalts corresponent a la malaltia amb codi donat:

```
int QuantsMalalts (Hospital h, int codi) {
    int compt = 0;
```

```
    for (int i = 0; i < h.malalts.nMalalts; ++i)
        if (PateixMalaltia(h.malalts.malalts[i],codi)) ++compt;
    return compt;
}
```

b) Per trobar el codi de la malaltia greu més freqüent a l'hospital fem un recorregut de la taula de les malalties de l'hospital. Per a cada malaltia mirem si és greu i, en cas afirmatiu, calculem el nombre de malalts que la pateixen (fent una crida a la funció QuantsMalalts() de l'apartat anterior) i fem comparacions a fi de trobar el codi de la malatia greu amb el màxim nombre de malalts. Suposem que sempre trobarem algun malalt:

```
int MalaltiaMesFrequent (const Hospital& h) {
    int max = 0;
    int nMalaltsMalaltia,codiFreq;
    for (int i = 0; i < h.malalties.nMalalties; ++i)
        if (h.malalties.malalties[i].greu){
            nMalaltsMalaltia = QuantsMalalts(h,h.malalties.malalties[i].codi);
            if (nMalaltsMalaltia > max){
                max = nMalaltsMalaltia;
                codiFreq = h.malalties.malalties[i].codi;
            }
        }
    return codiFreq;
}
```

5.10   Polinomis

a) La representació escollida per emmagatzemar polinomis és la següent:

```
// Nombre màxim de monomis en un polinomi
const int N = 100;

struct Monomi {
    int c;          // Coeficient
    int e;          // Exponent
};

struct Polinomi {
    Monomi t[N];    // Taula de monomis
    int n;          // Nombre de monomis
};
```

Una propietat important que imposarem per afavorir la suma de polinomis és mantenir ordenat el polinomi per exponent.

El polinomi $p(x) = 45x^5 + 4 - 3x^{125}$ es guardaria amb els continguts següents:

- $p.n = 3$
- $p.t[1].c = 4$, $p.t[1].e = 0$,

- $p.t[2].c = 45$, $p.t[2].e = 5$,
- $p.t[3].c = -3$, $p.t[3].e = 125$,
- les altres posicions contenen brossa.

b) L'acció per sumar dos polinomis p i q deixant el valor en r es pot fer com segueix basant-se en l'esquema de fusió de taules:

```
void CopiarTerme (Polinomi& d,const Polinomi& f, int& k) {
    d.t[d.n] = f.t[k];
    d.n = d.n + 1;
    ++k;
}


void Sumar (Polinomi p, Polinomi q, Polinomi& r) {
    int i,j;
    r.n = 0;
    i = 0; j = 0;                        // i ressegueix p, j ressegueix q
    while (i < p.n and j < q.n) {
        if (p.t[i].e == q.t[j].e) {      // Cal sumar coeficients
            if(p.t[i].c + q.t[j].c != 0) { // Control necessari
                r.t[r.n].e = p.t[i].e;
                r.t[r.n].c = p.t[i].c + q.t[j].c;
                r.n = r.n + 1;           // S'ha afegit un terme nou al resultat
            }
            ++i; ++j;
        }
        else{                            // Afegim el terme d'exponent menor
            if (p.t[i].e < q.t[j].e) CopiarTerme(r,p,i);
            else CopiarTerme(r,q,j);
        }
    }
    while (i<p.n) CopiarTerme(r,p,i);
    while (j<q.n) CopiarTerme(r,q,j);
}
```

c) La funció Avalua() calcula quant val un polinomi p en un punt x. Simplement cal recórrer la taula de monomis i acumular la suma del coeficient corresponent per x elevat a l'exponent corresponent:

```
int Eleva (int x, int y) {
    int r = 1;
    for (int i = 1; i <= y; ++i) r = r*x;
    return r;
}


int Avalua (Polinomi p, int x) {
    int s = 0;
    for (int i = 0; i < p.n; ++i)
            s = s + p.t[i].c*Eleva(x,p.t[i].e);
    return s;
}
```

Existeixen algunes variacions possibles per representar Polinomi:

- Usar un sentinella per marcar el final de la taula. Llavors calen $N + 1$ posicions i fixar el sentinella (un exponent negatiu, per exemple).

- No ordenar els termes per exponent. Això és lícit, però complica la suma, perquè cada exponent d'un polinomi s'ha de cercar reiteradament en el segon polinomi.

A més, la solució utilitzada per calcular les potències és ineficient, en el sentit que es recalculen molts productes. Exercici: milloreu-ho.

6

Disseny descendent

6.1 Departaments

a) Abans de dissenyar la funció fem algunes observacions. Primer, amb el codi donat del departament trobem el departament corresponent al codi (suposarem que el departament es troba a la taula dels departaments). Després, un cop trobat el departament, disposarem del valor *cap* que apunta a la taula dels empleats (vegeu el tuple Departament). El Cap del departament és un empleat més i el valor *cap* és la seva posició a la taula dels empleats; per tant; podem accedir a la posició *cap* de la taula dels empleats per saber si està de baixa o no.

Per facilitar el disseny de la funció, dissenyem prèviament una funció que resolgui el problema següent:

"Donat un paràmetre de tipus Empresa i un altre paràmetre que indica el codi d'un departament, calcular el valor cap del departament corresponent al codi".

Per a la solució d'aquest problema aplicarem l'esquema de cerca a la taula dels departaments. Com que hem suposat que el departament es troba a la taula dels departaments, la cerca acabarà amb èxit:

```
int PosicioCap (const Empresa& emp, int codi) {
    int i = 0;
    bool trobat = false;
    while (!trobat)
        if (emp.d.depts[i].codi == codi) trobat = true; else ++i;
    return emp.d.depts[i].cap;
}
```

Ara utilitzem aquesta funció per dissenyar la funció demanada. Observem que aquesta funció retornarà un valor de tipus booleà que serà cert si el cap del departament està de baixa i fals en cas contrari:

```
bool BaixaCap (const Empresa& emp, int codi) {
    return emp.e.empleats[PosicioCap(emp,codi)].baixa;
}
```

b) El percentatge d'empleats del departament corresponent al codi donat que estan de baixa es calcula amb la fórmula estàndard

$$\text{Percent} = \frac{\text{nBaixes}}{\text{nEmplDep}} \cdot 100.0$$

on $nBaixes$ denota el nombre dels empleats del departament que estan de baixa i $nEmplDep$ el nombre total dels empleats del departament.

Cal no confondre $nEmplDep$ amb el nombre total d'empleats de l'empresa $nEmpl$. És obvi que per calcular el percentatge aplicarem l'esquema de recorregut sobre la taula dels empleats.

Per a cada empleat, mirem si el seu codi del departament coincideix amb el codi donat. En cas afirmatiu, el comptem com un empleat més del departament en qüestió. Seguidament mirem si, essent un empleat del departament en qüestió, està de baixa o no i en cas afirmatiu el comptem com una baixa més:

```
double PercentBaixes (const Empresa& emp, int codi) {
    int nBaixes = 0;
    int nEmplDep = 0;
    for (int i = 0; i < emp.e.nEmpl; ++i) {
        if (emp.e.empleats[i].dep == codi) {
            ++nEmplDep;
            if (emp.e.empleats[i].baixa) ++nBaixes;
        }
    }
    return double(nBaixes) / nEmplDep * 100.0;
}
```

Noteu que hem suposat que hi ha empleats al departament i per tant $nEmplDep$ és diferent de zero.

6.2   La immobiliària de Canet de Mar

a) Observem primer que l'acció que hem de dissenyar ha de fer un recorregut de la taula dels pisos, on per a cada pis mirem si es compleixen les condicions indicades; és a dir, si:

- el seu *codiD* coincideix amb el codi donat,
- és de venda,
- els seus *metresQ* són més grans o iguals que la superfície mínima donada,
- el seu *preu* no supera el preu màxim donat.

Per facilitar el disseny de l'acció demanada, dissenyem primer una funció auxiliar que comprova si un pis donat compleix les condicions indicades més amunt.

```
bool CompleixConds (const Pis& p, int codi, int supMin, double preuMax) {
    return p.codiD == codi && p.estat == venda && p.metresQ >= supMin
        && p.preu <= preuMax;
}
```

També podem dissenyar una acció auxiliar que, donat un pis, escrigui la seva informació:

```
void EscriurePis (const Pis& p) {
    cout << p.codiD << ' ' << p.metresQ << ' ' << p.preu;
    if (p.estat == venda) cout << " Pis de venda ";
    else cout << " Pis de lloguer ";
}
```

I ara dissenyem l'acció demanada:

```
void InfoPisos (const LlistaPisos& pisos, int codi, int supMin,
                double preuMax) {
    for (int i = 0; i < pisos.nPisos; ++i)
        if (CompleixConds(pisos.pisos[i],codi,supMin,preuMax))
            EscriurePis(pisos.pisos[i]);
}
```

b) Primer cal interpretar correctament què vol dir *"a partir de la informació dels pisos omplir l'estadística dels districtes"*. A l'estructura de dades de què disposem, observem que hi ha un tipus LlistaDistrictes el qual manté l'estadística dels districtes. Per tant, es tracta d'*omplir* la taula dels districtes, que inicalment està buida, a partir de la informació dels pisos. A tal fi dissenyem una acció, tot aplicant l'esquema de recorregut sobre la taula dels pisos.

Per facilitar el disseny d'aquesta acció seguirem el mètode de l'anàlisi descendent. Inicialment dissenyem l'acció principal, que internament farà crides a altres accions. En concret, aquesta acció farà un recorregut de la taula dels pisos. Per a cada pis:

- Primer caldrà buscar si el codi del seu districte és a la taula dels districtes. Considerem que disposem d'una funció CercarDistricte() que ens dóna la posició del districte a la taula dels districtes o -1 en cas contrari.

- Després, si el resultat de CercaDistricte() és una posició vàlida llavors cal actualitzar el component corresponent al districte. Considerem que disposem d'una acció ActualitzarDistricte() que ens actualitza el component de la taula dels districtes. En canvi, si el resultat de cerca ens retorna una posició invàlida (-1), és a dir, el districte corresponent al pis no existeix, llavors cal afegir un nou component al final de la taula dels districtes, mitjançant l'acció AfegirDistricte().

Per ara, doncs, dissenyem l'acció principal, tot fent servir les accions i funcions esmentades més amunt, i després dissenyarem aquestes accions i funcions:

```
void Estadistica (const LlistaPisos& pisos, LlistaDistrictes& districtes) {
    int pos;
    for (int i = 0; i < pisos.nPisos; ++i) {
        pos = CercarDistricte(districtes,pisos.pisos[i].codiD);
        if (pos != -1) ActualitzarDistricte(districtes.districtes[pos]);
```

```
            else AfegirDistricte(districtes,pisos.pisos[i]);
      }
}
```

La funció CercarDistricte() aplicarà l'esquema de cerca sobre la taula dels districtes. La propietat de cerca és *districtes.districtes[j].codiD=codi*, on *codi* és el codi del districte a cercar:

```
int CercarDistricte (const LlistaDistrictes& districtes, int codi) {
    int j = 0;
    bool trobat = false;
    int pos = -1; // Posició del districte, -1 en cas de no trobar-se
    while (j < districtes.nDistrictes && !trobat) {
        if (districtes.districtes[j].codiD == codi) {
            trobat = true;
            pos = j;
        }
        else ++j;
    }
    return pos;
}
```

L'acció ActualitzarDistricte() simplement ha d'incrementar amb una unitat el camp *q* (quantitat de pisos) del districte trobat:

```
void ActualitzarDistricte (Districte& d) {
    d.q = d.q + 1;
}
```

L'acció AfegirDistricte() afegirà un nou districte al final de la taula dels districtes. Suposarem que hi ha lloc a la taula per a afegir el nou component (en cas contrari hauríem d'escriure un missatge d'error):

```
void AfegirDistricte (LlistaDistrictes& districtes, const Pis& pis) {
    districtes.districtes[districtes.nDistrictes].codiD = pis.codiD;
    districtes.districtes[districtes.nDistrictes].q = 1;
    districtes.nDistrictes = districtes.nDistrictes + 1;
}
```

6.3 El control d'accés

Per resoldre aquest problema primer hem d'obtenir el permís coresponent a l'empleat que vol passar per la porta, després hem de comprovar que aquest permís no estigui caducat i si no és aquest el cas comprovar que la prioritat que té és suficient per accedir a la sala a què dóna accés la porta. Com a primer nivell d'anàlisi descendent dissenyem la funció utilitzant les funcions PermísEmpleat(), PermísCaducat(), SalaDónaAccés() i

PrioritatSala() que dissenyarem al següent nivell:

```
bool PotPasar (Empresa E, int cPorta, int cEmpleat, Data dataActual) {
    bool pot;
    Permis permis = PermisEmpleat(E.empleats,cEmpleat);
    if (PermisCaducat(permis,dataActual)) pot = false;
    else {
        int cSala = SalaDonaAcces(E.portes,cPorta);
        int prioritat = PrioritatSala(E.sales,cSala);
        pot = prioritat <= permis.prioritat;
    }
    return pot;
}
```

Com a segon nivell d'anàlisi descendent dissenyem les funcions que hem utilitzat al nivell anterior.

Comencem per la funció PermísEmpleat(). Per calcular el permís d'un empleat donat el seu codi s'ha de fer una cerca del codi dins la llista d'empleats, per la qual cosa utilitzem l'acció CercarEmpleat(). En cas que no el trobem donarem un permís caducat com a resultat:

```
Permis PermisEmpleat (const LlistaEmpleats& E, int cEmpleat) {
    Permis permis;
    bool trobat;
    int pos;
    CercarEmpleat(E,cEmpleat,trobat,pos);
    if (trobat) permis = E.empleats[pos].permis;
    else {
        (permis.dataCaducitat).dia = 0;
        (permis.dataCaducitat).mes = 0;
        (permis.dataCaducitat).any = 0;
        permis.prioritat = -1;
    }
    return permis;
}
```

L'acció CercarEmpleat() fa una cerca d'el empleat a la taula d'empleats:

```
void CercarEmpleat (const LlistaEmpleats& E, int cEmpleat, bool& trobat,
                    int& pos) {
    trobat = false;
    pos = 0;
    while (pos < E.nEmpleats && !trobat)
        if (E.empleats[pos].codi == cEmpleat) trobat = true; else pos++;
}
```

A continuació dissenyem la funció PermísCaducat() que ha de comprovar si la data del permís és més petita que la data actual:

```
bool PermisCaducat (Permis p,Data dataActual) {
    int dP = Convertir(p.dataCaducitat);
    int dA = Convertir(dataActual);
    return dP < dA;
}
```

La funció SalaDónaAccés() calcula el codi de la sala a la que dóna accés una porta. Per això primer cerquem la porta dins la llista de portes, utilitzant l'acció CercarPorta(), per consultar el codi de la sala a què dóna accés. En cas de no trobar la porta retornem com a resultat un codi de sala negatiu:

```
int SalaDonaAcces (Porta portes[MAX_PORT], int cPorta) {
    int pos, cSala;
    bool trobat;
    CercarPorta(portes,cPorta,trobat,pos);
    if (trobat) cSala = portes[pos].codiSala; else cSala = -1;
    return cSala;
}
```

on la funció Convertir() converteix una data a l'enter aaaammdd:

```
int Convertir (Data d) {
    return d.any * 10000 + d.mes * 100 + d.dia;
}
```

L'acció CercarPorta() fa una cerca de la porta a la taula de portes:

```
void CercarPorta (Porta portes[MAX_PORT], int cPorta, bool& trobat,
                  int pos) {
    trobat = false;
    pos = 0;
    while (pos < MAX_PORT && !trobat)
        if (portes[pos].codiPorta == cPorta) trobat = true; else pos++;
}
```

Per últim dissenyem la funció PrioritatSala(), que fa una cerca de la sala a la llista de sales per tal de poder consultar la seva prioritat. En cas de trobar la sala, donem com a resultat una prioritat prou gran perquè ningú pugui passar:

```
int PrioritatSala (Sala sales[MAX_SALES], int cSala) {
    int pos, prioritat;
    bool trobat;
    CercarSala(sales,cSala,trobat,pos);
    if (trobat) prioritat = sales[pos].prioritat;
    else prioritat = INT_MAX; // Valor màxim de tipus enter, definit en climits.h
    return prioritat;
}
```

L'acció següent cerca la posició d'un sala donat el seu codi:

```
void CercarSala (Sala sales[MAX_SALES], int cSala, bool& trobat,
                 int& pos) {
    trobat = false;
    pos = 0;
    while (pos < MAX_SALES && !trobat)
        if (sales[pos].codiSala == cSala) trobat = true; else pos++;
}
```

6.4 Coixos F.C.

a) Com que s'han de retornar dos resultats, dissenyem una acció. Per dissenyar aquesta acció, primer fem una cerca del club, utilitzant l'acció CercarClub(); si no el trobem el jugador no és transferible (un club inexistent no té cap jugador transferible) mentre que si el trobem, per saber si el jugador és transferible, hem de cercar el jugador dins la llista de transferibles del club utilitzant l'acció CercaJugador():

```
void Transferible (const LlistaClubs& C, int codiJugador, int codiClub,
                   bool& transfer, int& preu) {
    int posC;
    bool trobat;
    CercarClub(C,codiClub,trobat,posC);
    if (trobat) {
        int posJ;
        CercarJugador(C.clubs[posC].transferibles,codiJugador,transfer,posJ);
        if (transfer) {
            preu = C.clubs[posC].transferibles.transferibles[posJ].preu;
        }
    }
    else transfer = false;
}
```

Les accions CercarClub() i CercarJugador() fan una cerca dins la taula de clubs i la taula de jugadors transferibles respectivament:

```
void CercarClub (const LlistaClubs& C, int codiClub,
                 bool& trobat,int& pos) {
    trobat = false;
    pos = 0;
    while (pos < C.nClubs and not trobat) {
        if (C.clubs[pos].codiClub == codiClub) {
            trobat = true;
        }
        else ++pos;
    }
}
```

```
    }


    void CercarJugador (const LlistaTransferibles& T, int codiJugador,
                        bool& trobat, int& pos) {
        trobat = false;
        pos = 0;
        while (pos < T.nTransferibles and not trobat) {
            if (T.transferibles[pos].codiJugador == codiJugador) {
                trobat = true;
            }
            else ++pos;
        }
    }
```

b) Per calcular el codi i el preu del nostre "jugador ideal" s'ha de fer un recorregut de la llista de jugadors tractant aquells que compleixen els requisits demanats. El tractament consisteix a trobar el que té menor preu. En aquest cas no cal contemplar el fet que pugui no haver-hi cap jugador que compleixi els requisits ja que l'enunciat diu que sempre en trobarem un:

```
    void JugadorIdeal (const LlistaJugadors& J, const LlistaClubs& C,
                       int puntMin, int lloc, int& codiJugador, int& preu) {
        preu = 31;   // El preu màxim és de 30 milions
        for (int i = 0 ; i < J.nJugadors; ++i) {
            if (J.jugadors[i].lloc == lloc and
                J.jugadors[i].puntuacio >= puntMin) {
                int iPreu;
                bool transfer;
                Transferible(C, J.jugadors[i].codiJugador,
                             J.jugadors[i].codiClub,transfer,iPreu);
                if (transfer) {
                    if (iPreu < preu) {
                        preu = iPreu;
                        codiJugador = J.jugadors[i].codiJugador;
                    }
                }
            }
        }
    }
```

Fixeu-vos que, com que es demana el primer jugador que compleix les condicions, la condició per trobar el menor ha de ser iPreu < preu i no iPreu ≤ preu.

c) Per resoldre aquest problema s'ha de fer un recorregut de la taula de necessitats del club on per cadascuna calculem el codi i el preu del "Jugador Ideal" (utilitzant l'acció de l'apartat anterior) amb els que omplim la posició corresponent de la taula de fitxatges.

```
    void Fitxar (InformacioClub& C) {
        for (int i = 0; i < C.necessitats.nNecessitats; ++i) {
            int codi, preu;
```

```
JugadorIdeal(C.jugadors, C.clubs,
               C.necessitats.necessitats[i].puntuacioMinima,
               C.necessitats.necessitats[i].lloc,codi,preu);
      C.fitxatges.fitxatges[i].codiJugador = codi;
      C.fitxatges.fitxatges[i].preu = preu;
   }
   C.fitxatges.nFitxatges = C.necessitats.nNecessitats;
}
```

6.5 Vendes d'una empresa

La comprensió de l'estructura de les dades d'entrada és fonamental per poder atacar el disseny de l'algorisme. En aquest problema, cal tractar una seqüència de productes (amb les seves vendes). En el cas de l'exemple, aquesta seqüència té dos elements:

$$\underbrace{3\ \ 15\ \ 3\ \ 100\ \ 8\ \ 1\ \ 110\ \ -1}_{\text{producte 1}}\ \ \underbrace{12\ \ 8\ \ 2\ \ 5\ \ 10\ \ 4\ \ 0\ \ 7\ \ 8\ \ 9\ \ -1}_{\text{producte 2}}\ -1$$

Cadascun dels elements de la seqüència de productes conté, a la vegada, una seqüència de vendes:

$$3\ \underbrace{\underbrace{15\ \ 3\ \ 100}_{\text{venda 1}}\ \underbrace{8\ \ 1\ \ 110}_{\text{venda 2}}\ -1}_{\text{producte 1}}\ \ 12\ \underbrace{\underbrace{8\ \ 2\ \ 5}_{\text{venda 1}}\ \underbrace{10\ \ 4\ \ 0}_{\text{venda 2}}\ \underbrace{7\ \ 8\ \ 9}_{\text{venda 3}}\ -1}_{\text{producte 2}}\ -1$$

A l'algorisme principal definim una constant per al nombre màxim de codis i fem una taula per a contenir el nombre d'unitats comprades per cada client. Després fem un recorregut de la seqüència d'entrada, entenent-la com a una seqüència de vendes de productes. En el tractament d'aquest recorregut es modificarà la taula de clients, que finalment es desglossa com a finalització:

```
const int MAXCODI = 1000;

typedef int tClients[MAXCODI];
```

L'acció inicialitzar() crea la taula de clients amb MAXCODI posicions inicialitzades a zero:

```
void inicialitzar(tClients& tc) {
    for (int i = 0; i < MAXCODI; ++i) tc[i] = 0;
}
```

L'acció tractarProducte() s'encarrega de llegir una seqüència de vendes corresponents a un producte. La seqüència acaba amb un enter -1, però els seus elements són tres enters: un codi de client (`ccli`), un nombre d'unitats (`uni`) i un preu (`preu`). Amb cada element cal fer dues coses: comptar quin és el preu total dels productes venuts (`cost`) i actualitzar la taula de clients a la posició `ccli` per indicar quants productes ha comprat aquest client. Al finalitzar la seqüència de vendes, cal escriure el codi del producte i el preu total dels productes venuts:

```
void tractarProducte(int cprod, tClients& tc) {
    int cost = 0;
    int ccli;    cin >> ccli;
    while (ccli != -1) {
        int uni, preu;    cin >> uni >> preu;
        if (preu > 0) {
            tc[ccli-1] = tc[ccli-1] + uni;
            cost = cost + uni*preu;
        }
        cin >> ccli;
    }
    cout << cprod << " " << cost << endl;
}
```

Cal observar com s'ha trencat la lectura dels elements en dues parts: abans de començar el bucle es llegeix un primer enter; un cop assegurat que no és el finalitzador, es llegeixen els altres dos enters; finalment, s'obté de nou el primer enter de l'element següent.

L'acció següent escriu el contingut de la taula de clients, fent un recorregut per a totes les seves posicions i escrivint el seu contingut (juntament amb el seu índex, corresponent al codi de client) si és positiu (és a dir, si el client ha realitzat alguna compra):

```
void llistarCompres (const tClients& tc) {
    for (int i = 0; i < MAXCODI; ++i) {
        if (tc[i] > 0) cout << i+1 << ": " << tc[i] << endl;
    }
}
```

Ara, només ens queda donar el programa principal que utilitza els tipus i les accions i funcions que hem definit:

```
int main() {
    Clients tc;
    Inicialitzar(tc);
    int cprod; cin >> cprod;
    while (cprod != -1) {
        TractarProducte(cprod,tc);
        cin >> cprod;
    }
    LlistarCompres(tc);

    return 0;
}
```

6.6   El centre de traduccions Que diu que què

a) Com que només s'ha de calcular un únic resultat, sense modificar cap dels paràmetres donats, dissenyem una funció. Per dissenyar aquesta funció primer fem una cerca del text, utilitzant la acció CercarText(); si el trobem calculem el cost de la traducció multiplicant el nombre de planes que té el text pel preu per plana i si no el trobem retornem com a cost un valor negatiu.

```
double Cost (const Traduccio& trad, const LlistaTextos& textos,
             double preuPlana) {
    bool trobat;
    int pos;
    CercarText (textos,trad.codiText,trobat,pos);
    double preu;
    if (trobat) {
        preu = double(textos.textos[pos].nPlanes) * preuPlana;
    } else {
        preu = -1.0;
    }
    return preu;
}
```

L'acció CercarText() fa una cerca del codi del text dins la taula de textos:

```
void CercarText (const LlistaTextos& T, int codiText,
                 bool& trobat, int& pos) {
    trobat = false;
    pos = 0;
    while (pos < T.nTextos and not trobat) {
        if (T.textos[pos].codi == codiText) {
            trobat = true;
        } else {
            pos = pos + 1;
        }
    }
}
```

b) Per calcular el traductor que té menys traduccions assignades s'ha de fer un recorregut de la taula de traductors tractant aquells que poden fer la traducció (el domini del traductor coincideix amb el domini donat i sap els dos idiomes). El tractament consisteix a trobar el que té menor nombre de traduccions assignades:

```
int TraductorIdeal (const LlistaTraductors& T, Idioma io,
                    Idioma id, Domini d) {
    int codiMinim;
    int assigMinim = 301; // Cap traductor pot tenir méss de 300 traduccions assignades
    for (int i = 0; i < T.nTraductors; ++i) {
        if (T.traductors[i].domini == d and T.traductors[i].idiomes[io] and
            T.traductors[i].idiomes[id] and
            T.traductors[i].nTradAssignades < assigMinim) {
                codiMinim = T.traductors[i].codi;
                assigMinim = T.traductors[i].nTradAssignades;
        }
    }
    return codiMinim;
}
```

c) Per resoldre aquest problema s'ha de fer un recorregut de la taula de traduccions, on per cada traducció primer cerquem el text corresponent (per tenir accés a l'idioma origen i al domini del text), després calculem el codi del traductor que ha de fer la traducció (utilitzant la funció de l'apartat anterior) i per últim assignem la traducció al traductor. Cal tenir en compte que per assignar la traducció al traductor que li pertoca cal també incrementar el nombre de traduccions que té assignades; això ho farem amb l'acció IncrementarAssignacions():

```
void AssignarTraduccions (Centre& C) {
    for (int i = 0; i < C.traduccions.nTraduccions; ++i) {
        int codiText = C.traduccions.traduccions[i].codiText;
        bool trobat;
        int pos;
        CercarText(C.textos,codiText,trobat,pos);
        Idioma io = C.textos.textos[pos].idiomaOrig;
        Domini d = C.textos.textos[pos].domini;
        Idioma id = C.traduccions.traduccions[i].idiomaDesti;
        int codiTrad = TraductorIdeal(C.traductors,io,id,d);
        C.assignacions.assignacions[i].codiText = codiText;
        C.assignacions.assignacions[i].idiomaDesti = id;
        C.assignacions.assignacions[i].codiTraductor = codiTrad;
        IncAssignacions(C.traductors,codiTrad);
    }
    C.assignacions.nAssignacions = C.traduccions.nTraduccions;
}
```

L'acció IncAssignacions() fa una cerca del traductor i quan el troba incrementa el nombre de traduccions que té assignades. Cal comentar que encara que quan la utilitzem en l'acció AssignarTraduccions() podem assegurar que trobarem el traductor hem dissenyat l'acció sense tenir-ho en compte per tal que es pugui utilitzar en altres casos:

```
void IncAssignacions (LlistaTraductors& T, int codiTrad) {
    bool trobat = false;
    int i = 0;
    while (i < T.nTraductors and not trobat) {
        if (T.traductors[i].codi == codiTrad) {
            trobat = true;
            ++T.traductors[i].nTradAssignades;
        } else {
            ++i;
        }
    }
}
```

6.7   El quadrat màgic

Comencem definint un tipus Quadrat per no arrossegar la taula tota l'estona:

```
const int N = 8;
```

```
typedef int Quadrat[N][N];
```

La funció principal és la que conté la base del disseny descendent. Aquí s'introdueixen dues funcions per conèixer la suma dels elements de la primera i de la segona diagonal, així com funcions per comprovar que totes les files i totes les columnes sumin un mateix valor donat i una funció per comprovar que els elements del quadrat siguin una permutació de 1 a N^2. Noteu que tan bon punt es comprova que el quadrat no és màgic no es continuen buscant condicions addicionals perquè l'operador *and* és amb tall:

```
bool QuadratMagic (const Quadrat& q) {
    int s = SumaPrimeraDiagonal(q);
    return  SumaSegonaDiagonal(q) == s
        and Permutacio(q)
        and TotesLesFilesSumen(q, s)
        and TotesLesColumnesSumen(q, s)
}
```

La funció següent retorna la suma dels elements a la primera diagonal del quadrat *q* fent un recorregut que acumuli les sumes parcials:

```
int SumaPrimeraDiagonal (const Quadrat& q) {
    int s = 0;
    for (int i = 0; i < N; ++i) s += q[i][i];
    return s;
}
```

La funció següent retorna la suma dels elements a la segona diagonal de *q* d'una forma semblant:

```
int SumaSegonaDiagonal (const Quadrat& q) {
    int s = 0;
    for (int i = 0; i < N; ++i) s += q[N-i-1][i];
    return s;
}
```

La funció següent comprova si els elements de *q* són una permutació de $\{1, \ldots, N^2\}$. Per fer-ho, crea una taula *a* indexada sobre 1 .. N^2 que indica si ja ha aparegut cada element (la posició 0 no s'utilitza). Si un element ja ha aparegut, aleshores se sap que *q* no és una permutació:

```
bool Permutacio (const Quadrat& q) {
    vector<bool> a(N*N + 1, false);
    bool p = true;
    for (int i = 0; i < N and p; ++i) {
        for (int j = 0; j < N and p; ++j) {
            int x = q[i][j];
            if (x >= 1 and x <= N*N) {
                if (a[x]) p = false; else a[x] = true;
            } else {
                p = false;
            }
```

```
            }
        }
        return p;
    }
```

La funció següent indica si totes les files de q sumen s. Per implementar-la, es fa una cerca d'una fila que no sumi s, delegant la tasca de sumar una fila a una nova funció:

```
    bool TotesFilesSumen (const Quadrat& q, int s) {
        bool b = true;
        for (int i = 0; i < N and b; ++i) {
            if (SumaFila(q, i) != s)) b = false;
        }
        return b;
    }
```

La funció següent retorna la suma dels elements a la fila i-èsima de q tot fent un recorregut:

```
    int SumaFila (const Quadrat& q, int i) {
        int s = 0;
        for (int j = 0 ; j < N; ++j) s += q[i][j];
        return s;
    }
```

Les funcions TotesColumnesSumen() i SumaColumna() són similars.

Una millora que es podria aplicar consisteix a canviar els recorreguts per sumar files i columnes a cerques. En efecte, com que se sap que tots els elements són positius (perquè q és una permutació de $\{1, \ldots, N^2\}$), es pot aturar el procés tant bon punt es troba que la suma parcial d'una fila o columna ja és superior a la desitjada.

6.8   El traductor automàtic

El nostre algorisme utilitzarà les definicions de tipus que segueixen. Un Diccionari emmagatzema un diccionari, és a dir, una llista d'entrades. Justament, una entrada són dues paraules catalanes i angleses equivalents. En una entrada també incloem un comptador que servirà per calcular el nombre d'aparicions de dita paraula. L'estructura Faltis és una llista de paraules, les que falten al diccionari:

```
    const int MAX_DICC = 100;
    const int MAX_TXT = 1000;

    struct Entrada {
        string cat;
        string ang;
        int c;
    };

    struct Diccionari {
        Entrada A[MAX_DICC];
        int n;
    };
```

```
struct Faltis {
    string A[MAX_TXT];
    int n;
}
```

El disseny descendent de l'algorisme ve donat per les fases que esmenta l'enunciat, relacionades per variables de tipus Diccionari i Faltis:

```
int main () {
    Diccionari d;
    Faltis f;

    LlegirDiccionari(d);
    TraduirText(d, f);
    Ordenar(f);
    LlistarFaltis(f);
    LlistarRepes(f);
}
```

L'acció per llegir un diccionari és un recorregut de la primera seqüència guardant els parells de paraules al final del diccionari; els comptadors d'aparicions es posen a zero:

```
void LlegirDiccionari (Diccionari& d) {
    d.n = 0;
    string p;
    cin >> p;
    while (p != "###") {
        Entrada e;
        e.cat = p;
        cin >> e.ang;
        e.c = 0;
        d.A[d.n] = e;
        ++d.n;
        cin >> p;
    }
}
```

L'acció Ordenar() és una ordenació clàssica. En aquest cas utilitzem un algorisme d'ordenació per selecció:

```
void Ordenar (Diccionari& d) {
    for (int i = 0; i < d.n-1; ++i) {
        int m = i;
        for (int j = i+1; j < d.n; ++j) {
            if (d[j].cat < d[m].cat) m = j;
        }
        Entrada e = d[i];  d[i] = d[m];  d[m] = e;
    }
}
```

Per traduir el text, cal realitzar un recorregut de la segona seqüència traduint les paraules que van trobant-se i incrementant el seu comptador d'aparicions en el diccionari. Les paraules que no són al diccionari es guarden al final dels faltis i s'escriuen els interrogants:

```
void TraduirText (Diccionari& d, Faltis& f) {
    f.n = 0;
    string par;
    cin >> par;
    while (par != "###") {
        bool trobat;
        int pos;
        CercarParaula(d, par, trobat, pos);
        // trobat indicat si par és en d. En cas afirmatiu, pos és la seva posició.
        if (trobat) {
            cout << d[pos].ang << ' ';
            ++d.A[pos].c;
        } else {
            cout << "??? ";
            f.A[f.n] = par;
            ++f.n;
        }
        cin >> par;
    }
    cout << '.';
}
```

L'acció LlistarFaltis() llista les paraules que falten, que ja estan ordenades. Per fer-ho, cal recórrer la taula corresponent, vigilant de no escriure paraules repetides:

```
void LlistarFaltis (const Faltis& f) {
    if (f.n > 0) cout << f[0] << ' ';
    for (int k = 1; k < f.n; ++k) {
        if (f[k] != f[k-1]) cout << f[k] << ' ';
    }
    cout << '.';
}
```

L'acció LlistarRepes() llista les paraules del diccionari que estan repetides en el text. És un recorregut de la taula del diccionari comprovant el seu comptador:

```
void LlistarRepes (const Diccionari& d) {
    for (int k = 0; k < f.n; ++k) {
        if (d.A[k].c > 1) cout << d.A[k] << ' ';
    }
    cout << '.';
}
```

L'acció següent cerca una paraula *p* en el diccionari *d*. Com a resultat, el paràmetre booleà *trobat* indica si s'ha trobat o no i, en cas afirmatiu, *k* indica a quina posició:

```
void CercarParaula (const Diccionari& d, string p, bool& trobat, int& k) {
    trobat = false;  k = 0;
    while (k < d.n and not trobat)
        if (d.A[k].cat == p) trobat = true; else ++k;
    }
}
```

Exercici: Milloreu la solució donada per tal que no es guardin paraules repetides a la variable *f* de l'algorisme principal.

Exercici: Milloreu la solució donada tot ordenant el diccionari un cop llegit i fent cerques binàries per trobar-hi les paraules.

6.9 Els gratacels de Terrassa

El programa comença llegint el valor de n. Resoldrem el problema en dues fases. A la primera, farem un recorregut de la seqüència de gratacels tot actualitzant una taula amb les altures màximes de cada coordenada horitzontal. A la segona fase, llistarem els punts de taula on es produeixen canvis d'alçada. Incloem també una fase preliminar on inicialitzarem les altures màximes:

```
const int N = 1000;
typedef int SkyLine[N];

int main () {
    SkyLine s;
    Inicialitzar(s);
    TractarGratacels(s);
    LlistarCanvisAlcada(s);
}
```

Per inicialitzar un Skyline és suficient posar zeros a totes les seves posicions (terreny aplanat):

```
void Inicialitzar (SkyLine s) {
    for (int i = 0; i < N; ++i) s[i] = 0;
}
```

Tractar la seqüència de gratacels consisteix a fer un recorregut per a cada gratacel tractant-lo amb una acció TractarUnGratacel. Com que sabem que la seqüència s'ha acabat pel valor especial 0, però l'acció TractarUnGratacel() necessita aquest valor, l'hi passem com a paràmetre:

```
void TracatGratacels (SkyLine s) {
    int c;  cin >> c
    while (c != 0) {
        TractarUnGratacel(s, c);
        cin >> c
    }
```

```
    }
```

El tractament d'un gratacel individual es correspon a recórrer els seus trams i modificar l'*SkyLine* per a cada tram:

```
void TractarUnGratacel (SkyLine s, int xEsq) {
    int hEsq;                        // Alçada del punt actual
    int xDr;                         // Coordenada horitzontal del punt següent
    cin >> hEsq >> xDr;
    while (xDr != -1) {              // Mentre queden trams de gratacels
        for (; xEsq < xDr; ++xEsq) {
            if (hEsq > s[xEsq]) s[xEsq] = hEsq;
        }
        cin >> hEsq >> xDr;          // Avançar
    }
}
```

Per llistar els canvis d'alçada existents en *s*, cal fer un recorregut de la taula comprovant per a cada posició si és diferent que l'anterior, cas en què cal mostrar el punt. La primera posició requereix un tractament especial ja que, com diu l'enunciat, sempre s'ha de mostrar:

```
void LlistarCanvisAlcada (const SkyLine s) {
    cout << "1," << s[0] << ' ';
    for (int k = 1 ; k < N; ++k) {
        if (s[k] != s[k-1]) cout << k << ',' << s[k] << ' ';
    }
    cout << endl;
}
```

7

Projectes

7.1 Borsa

Disseny de les estructures de dades

De l'enunciat del problema es desprèn que per a la solució no cal guardar totes les cotitzacions de les empreses sinó que només cal guardar la cotització mínima, la màxima, la primera i l'última. D'altra banda, una cotització consta de la seva data i del seu valor. Per tant, dissenyarem un tipus tuple Cotització de dos camps per a la cotització: el valor i la data. Quant a l'empresa, dissenyarem un tipus Empresa que reculli, d'entre altres coses, el seu nom, la cotització mínima, la màxima, la primera i l'última. Però també s'ha de mantenir informació sobre l'evolució de la cotització de l'empresa, o sigui si creix, decreix, es manté constant o va oscil·lant. Això ho farem mantenint dos camps més de tipus booleà per saber si el valor de la cotització ha pujat o ha baixat algun cop, la qual cosa ens permetrà deduir si la cotització de l'empresa creix, decreix, és constant o oscil·lant. Per últim, cal recordar que tenim un màxim de 40 empreses i per tant declararem un tipus tuple Borsa per mantenir la taula de les empreses i el nombre de les empreses. Pel que fa als camps que són cadenes de caràcters usem com habitualment el tipus string. En definitiva, l'estructura de dades i les variables queden com a continuació:

```
struct Cotitzacio {
    int valor;
    long data;
};

struct Empresa {
    string nom;
    int primerV;
    int ultimV;
    Cotitzacio cotMax;
    Cotitzacio cotMin;
    bool decreix;
```

```
    bool creix;
};

struct Borsa {
    Empresa empreses[MAX_EMP];
    int nEmp;
};
```

Evidentment, també tenim la constant:

```
const int MAX_EMP = 40;
```

Respecte a les variables del nostre algorisme tindrem:

```
Borsa b;
```

Primer nivell del disseny descendent

L'algorisme que hem de dissenyar ha de fer la lectura de les dades, el seu processament, i finalment, ha de mostrar les dades corresponents de les empreses al final del procés bursàtil. Cal notar, però, que l'entrada de les dades i el seu processament es faran a la vegada perquè no s'ha de mantenir tota la informació de la seqüència.

Per tant, podem identificar dos subproblemes:

- ⟨entrada/processament de les dades⟩: Lectura i processament de les dades a la seqüència d'entrada
- ⟨mostrar els resultats⟩: Escriptura dels resultats

Per a cadascun d'ells dissenyarem una acció, ProcessarDades() i MostrarInformació(), respectivament. Noteu que en totes dues accions el paràmetre és de tipus Borsa tot i que el pas d'aquest paràmetre serà diferent per a cada acció. Per donar més generalitat al programa declararem, com és habitual, una constant *MAX_EMP* per indicar el màxim nombre d'empreses. En el nostre cas *MAX_EMP* val 40.

Així, l'anàlisi descendent ens proporciona l'algorisme principal que donem a continuació:

```
int main () {
    Borsa b;
    ProcessarDades(b);
    cout.setf(ios::fixed);
    cout.precision(2);
    MostrarInformacio(b);
    return 0;
}
```

Segon nivell del disseny descendent

El pas següent en el disseny de l'algorisme és el disseny de les accions ProcessarDades() i MostrarInformació().

Per tal de dissenyar l'acció ProcessarDades() associem al problema una seqüència, la de les dates que acaba amb data 0:

- ⟨*primer element*⟩: **llegir**($data_1$)
- ⟨*següent element*⟩: **llegir**($data_{k+1}$)
- ⟨*darrer element*⟩: $data_k = 0$

L'acció ProcessarDades() rebrà com a paràmetres la taula de les empreses i el nombre de les empreses. Tots dos són paràmetres de sortida ja que la seva inicialització es farà en l'acció i tots dos seran modificats per l'acció. D'altra banda observem que a cada data li correspon una seqüència de cotitzacions fetes en aquella data. Per tant tenim un nou subproblema que és el de tractar les cotitzacions d'una data. Aquesta última acció l'anomenem TractarCotData() i rebrà com a paràmetres un objecte de tipus Borsa com a paràmetre d'entrada/sortida i la data que és paràmetre d'entrada. L'esquema a aplicar és el recorregut sobre la seqüència de les dates:

```
void ProcessarDades (Borsa& b) {
    long data;
    b.nEmp = 0;
    cin >> data;
    while (data != 0) {
        TratarCotData(b,data);
        cin >> data;
    }
}
```

Quant a l'acció MostrarInformació(), aquesta simplement ha de fer un recorregut de la taula *empreses*, on el tractament d'una component seria escriure tota la seva informació. Com que per a cada component s'ha d'escriure informació diversa (el contingut de cada camp de la tupla d'una empresa), dissenyem una acció EscriureEmp(). És obvi que els paràmetres d'aquesta acció són d'entrada:

```
void MostrarInformacio (const Borsa& b) {
    for (int i = 0; i < b.nEmp; i++) {
        EscriureEmp(b.empreses[i]);
    }
}
```

Tercer nivell del disseny descendent

Ara seguim amb el disseny de l'acció TractarCotData(). Per això cal notar que per a cada data llegida hi ha associada una seqüència que és la dels noms de les empreses que han cotitzat en aquella data i que acaba amb el nom fictici "**Fi**":

- ⟨*primer element*⟩: LlegirNom(nom_1)
- ⟨*següent element*⟩: LlegirNom(nom_{k+1})
- ⟨*darrer element*⟩: nom_k="**Fi**"

Els paràmetres de l'acció TractarCotData() són un objecte de tipus Borsa (a dins de la qual hi ha la taula de les empreses i el nombre d'empreses) i la data. El paràmetre de tipus **Borsa** és d'entrada/sortida ja que a la taula hi ha informació i, per altra banda, cada cop que ens trobem amb una empresa, aquesta s'actualitzarà i per tant es modificarà. Cal tenir present que el nombre de components **nEmp** pot resultar modificat ja que ens podem trobar amb una nova empresa i, per tant, el nombre total de les empreses es modificarà, concretament s'augmentaria amb una unitat; la data és paràmetre d'entrada ja que el seu valor es consultarà per l'acció però no es modificarà.

Per a l'acció TractarCotData() noteu que cada cop que s'obté un nou element de la sèqüència, o sigui el nom d'una empresa, s'ha de llegir primer el valor de la cotització i després s'ha d'actualitzar la taula de les empreses ja sigui perquè una empresa existent ha fet una nova cotització ja sigui perquè ens trobem amb una nova empresa. Per resoldre aquest subproblema utilitzarem una nova acció, anomenem-la ActualitzarEmps(). Així, l'acció TractarCotData() queda com a continuació:

```
void TratarCotData (Borsa& b, long data) {
    string nomEmp;
    int valor;
    cin >> nomEmp;
    while(nomEmp != "Fi") {
        cin >> valor;
        ActualizarEmps(b,nomEmp,data,valor);
        cin >> nomEmp;
    }
}
```

Fixeu-vos que com que per a les cadenes de caràcters usem el tipus **string**, podem comparar el nom d'una empresa amb la sentinella "**Fi**" usant l'operador habitual de comparació de cadenes (strings).

Al mateix nivell d'anàlisi descendent tenim l'acció EscriureEmp() encarregada d'escriure la informació d'una empresa. Utilitzarem accions per escriure les cotitzacions mínimes i màximes ja que una cotització consta del valor i de la data quan s'ha fet. Cal recordar, però, que la data que es llegeix a l'entrada és un enter mentre que en escriure-la hem d'utilitzar el format dia/mes/any. Respecte a la revalorització només cal que apliquem la fórmula (**darrer/primer** $- 1) * 100$ i escriure el resultat; per últim, s'ha d'escriure el comportament, és a dir, si la valorització de l'empresa ha pujat, ha baixat, ha quedat constant o ha oscil·lat. Això ho farem amb l'acció EscriureComport():

```
void EscriureEmp (const Empresa& emp) {
    cout << emp.nom << cout << '\ t';
    EscriureCot(emp.cotMin);
    EscriureCot(emp.cotMax);
    cout << ' ' << Revaloritzacio(emp);
    EscriureComport(emp);
    cout << endl;
}
```

Quart nivell del disseny descendent

En dissenyar l'acció ActualitzarEmps() observem que hi ha dues possibilitats: que el nom de l'empresa s'hagi llegit prèviament i, per tant, només hauríem d'*actualitzar* l'empresa, o que és la primera vegada que es llegeix i, en aquest cas, l'empresa s'hauria de *crear* i afegir a la taula de les empreses. Clarament, donat el nom de l'empresa, s'ha de fer una cerca en la taula de les empreses per saber en quin dels dos casos estem. En el primer cas, s'han d'actualitzar els camps **creix** o **decreix** segons si el nou valor és més gran que l'últim o si el nou valor és més petit que l'últim, respectivament. També s'actualitza el camp que manté l'últim valor llegit així com les cotitzacions màximes i mínimes. Cal recordar, però, que les cotitzacions són per la seva banda tuples i per tant actualitzar la cotització màxima i mínima significa actualitzar els seus valors, però també les dates quan s'han fetes. En el segon cas només hem d'inicialitzar els camps de l'empresa, afegir la nova empresa creada al final de la taula i augmentar amb una unitat el nombre total de les empreses:

```
void ActualizarEmps (Borsa& b, string nomEmp, long data, int valor){
    int pos = CercarEmpresa(b,nomEmp);
    if (pos != -1) Actualizar(b.empreses[pos],data,valor);
    else CrearEmpresa(b,nomEmp,data,valor);
}
```

A continuació donem les accions d'escriptura EscriureCot(), EscriureComport() que apareixen en EscriureEmp():

```
void EscriureCot (Cotitzacio cot) {
    cout << cot.valor<< ' ';
    EscriureDataFormatejada(cot.data);
}
```

```
double Revaloritzacio (Empresa emp) {
    return (((double(emp.ultimV))/(double(emp.primerV))-1.)*100.);
}
```

```
void EscriureComport (Empresa emp) {
    if (emp.creix && emp.decreix) {
        cout << " Oscil.lant ";
    } else {
        if (emp.creix) cout << " Creixent ";
        else if (emp.decreix) cout << " Decreixent ";
        else cout << " Constant ";
    }
}
```

Cinquè nivell del disseny descendent

L'acció CercarEmpresa() fa una cerca de l'empresa segons el camp *nom*. En cas que l'empresa amb el nom especificat existeixi, es troba la seva posició dins de la taula de les empreses i en cas contrari s'afegeix al final de la taula una nova component. Notem, però, que a vegades convé mantenir la taula ordenada i quan s'afegeix una nova component aquesta es posa no al final sinó a la posició que li toca dins la taula ordenada. Això fa que l'algorisme sigui més complex, però d'altra banda la cerca dins la taula seria més eficient per l'ordenació de la taula:

```
int CercarEmpresa (const Borsa& b, string nomEmp) {
    int i = 0;
    int pos = -1;
```

```
        bool esta = false;
        while(i < b.nEmp && !esta) {
            if (b.empreses[i].nom == nomEmp) {
                esta = true;
                pos = i;
            }
            els ++i;
        }
        return pos;
    }
```

L'acció Actualitzar() farà les actualitzacions de l'empresa en la posició *pos* segons el valor cotitzat i la data en què s'ha fet:

```
    void Actualizar (Empresa& empresa, long data, int valor) {
        if (valor > empresa.ultimV) empresa.creix = true;
        else if (valor < empresa.ultimV) empresa.decreix = true;
        empresa.ultimV = valor;
        if (valor > empresa.cotMax.valor) {
            empresa.cotMax.valor = valor;
            empresa.cotMax.data = data;
        }
        else {
            if (valor < empresa.cotMin.valor) {
                empresa.cotMin.valor = valor;
                empresa.cotMin.data = data;
            }
        }
    }
```

L'acció CrearEmpresa() crea una nova empresa i l'afegeix al final de la taula empreses:

```
    void CrearEmpresa (Borsa& b, string nomEmp, long data, int valor) {
        int pos = b.nEmp;
        b.empreses[pos].nom = nomEmp;
        b.empreses[pos].primerV = valor;
        b.empreses[pos].ultimV = valor;
        b.empreses[pos].cotMin.valor = valor;
        b.empreses[pos].cotMin.data = data;
        b.empreses[pos].cotMax.valor = valor;
        b.empreses[pos].cotMax.data = data;
        b.empreses[pos].creix = false;
        b.empreses[pos].decreix = false;
        ++b.nEmp;
    }
```

Per últim, la funció per escriure una data formatejada és com segueix:

```
    void EscriureDataFormatejada (long data) {
```

```
        cout.width(15);
        cout.setf(ios::right,ios::adjustfield);
        cout << data%100 << '/' <<(data/100)%100 << '/' << data/10000 << ' ';
}
```

El programa

A continuació donem el programa que es pot compilar i executar:

```cpp
#include <string>
#include<iostream>
#include<iomanip>

using namespace std;

const int MAX_EMP = 40;

struct Cotitzacio {
    int valor;
    long data;
};

struct Empresa {
    string nom;
    int primerV;
    int ultimV;
    Cotitzacio cotMax;
    Cotitzacio cotMin;
    bool decreix;
    bool creix;
};

struct Borsa {
    Empresa empreses[MAX_EMP];
    int nEmp;
};

// Acció que cerca una empresa pel nom en la taula d'empreses
// Retorna la posició de l'empresa o -1 en cas de no existir
int CercarEmpresa (const Borsa& b, string nomEmp) {
    int i = 0;
    int pos = -1;
    bool esta = false;
    while(i < b.nEmp && !esta) {
        if (b.empreses[i].nom == nomEmp) {
            esta = true;
            pos = i;
        }
        else ++i;
```

```
    }
    return pos;
}


// Acció per actualitzar una empresa amb noves dades de la cotització
void Actualizar (Empresa& empresa, long data, int valor) {
    if (valor > empresa.ultimV) empresa.creix = true;
    else if (valor < empresa.ultimV) empresa.decreix = true;
    empresa.ultimV = valor;
    if (valor > empresa.cotMax.valor) {
        empresa.cotMax.valor = valor;
        empresa.cotMax.data = data;
    }
    else {
        if (valor < empresa.cotMin.valor) {
            empresa.cotMin.valor = valor;
            empresa.cotMin.data = data;
        }
    }
}


// Acció per crear/inicialitzar l'empresa
void CrearEmpresa (Borsa& b, string nomEmp, long data, int valor) {
    int pos = b.nEmp;
    b.empreses[pos].nom = nomEmp;
    b.empreses[pos].primerV = valor;
    b.empreses[pos].ultimV = valor;
    b.empreses[pos].cotMin.valor = valor;
    b.empreses[pos].cotMin.data = data;
    b.empreses[pos].cotMax.valor = valor;
    b.empreses[pos].cotMax.data = data;
    b.empreses[pos].creix = false;
    b.empreses[pos].decreix = false;
    ++b.nEmp;
}


// Acció que actualitza la taula de les empreses. Primer busca l'empresa.
// En cas de trobar-la, l'actualitza; en cas contrari l'afegeix al final de la taula
void ActualizarEmps (Borsa& b, string nomEmp, long data, int valor) {

    int pos = CercarEmpresa(b,nomEmp);
    if (pos != -1) Actualizar(b.empreses[pos],data,valor);
    else CrearEmpresa(b,nomEmp,data,valor);
}


// Acció per tractar les cotitzacions corresponents a una data
void TratarCotData (Borsa& b,long data) {

    string nomEmp;
    int valor;
```

```
    cin >> nomEmp;
    while(nomEmp != "Fi") {
        cin >> valor;
        ActualizarEmps(b,nomEmp,data,valor);
        cin >> nomEmp;
    }
}


// Acció per processar les dades de l'entrada
void ProcessarDades (Borsa& b) {
    long data;
    b.nEmp = 0;
    cin >> data;
    while(data != 0) {
        TratarCotData(b,data);
        cin >> data;
    }
}


double Revaloritzacio (Empresa emp) {
    return (((double(emp.ultimV))/(double(emp.primerV))-1.)*100.);
}


void EscriureDataFormatejada (long data) {
        cout.width(15);
        cout.setf(ios::right,ios::adjustfield);
        cout << data%100 << '/' <<(data/100)%100 << '/' << data/10000 << ' ';
}


void EscriureCot (Cotitzacio cot) {
    cout.width(10);
    cout.setf(ios::right,ios::adjustfield);
    cout << cot.valor << ' ';
    EscriureDataFormatejada(cot.data);
}


void EscriureComport (Empresa emp) {
    string variabilitat;
    if (emp.creix && emp.decreix) variabilitat = "Creixent";
    else {
        if (emp.creix) variabilitat = "Oscil.lant";
        else if (emp.decreix) variabilitat = "Decreixent";
        else variabilitat = "Constant";
    }
    cout.width(10);
    cout.setf(ios::right,ios::adjustfield);
    cout << ' ' << variabilitat;
}


void EscriureEmp (Empresa emp) {
```

```
            cout.setf(ios::left,ios::adjustfield);
            cout << setw(25) << emp.nom << cout << ' ';
            EscriureCot(emp.cotMin);
            EscriureCot(emp.cotMax);
            cout.width(10);
            cout.setf(ios::right,ios::adjustfield);
            cout << ' ' << Revaloritzacio(emp);
            EscriureComport(emp);
            cout << endl;
    }


    void MostrarInformacio (const Borsa& b) {
            for (int i = 0; i < b.nEmp; ++i) {
                EscriureEmp(b.empreses[i]);
            }
    }


    int main () {
            Borsa b;
            ProcessarDades(b);
            cout.setf(ios::fixed);
            cout.precision(2);
            MostrarInformacio(b);
            return 0;
    }
```

Joc de prova

A continuació donem un joc de prova. L'entrada és:

```
19970724 PalSA 3500 ElecSA 2845 BancEstalviSA 3456 PetrolSA 560 EuroSA 789
InfoSA 10000 KDolent 300 Fi
19970801 ElecSA 2600 BancEstalviSA 4000 PetrolSA 780 EuroSA 600 Fi
19970804 InfoSA 10100 PalSA 3550 PetrolSA 630 EuroSA 800 BancEstalviSA 4050
ElecSA 2515 KDolent 299 MarSA 715 Fi
19970805 KDolent 270 PalSA 3620 ElecSA 2415 BancEstalviSA 4070
PetrolSA 700 EuroSA 500 InfoSA 10130 MarSA 715 Fi
0
```

La seva sortida corresponent és:

```
PalSA                 3500 24/ 7/1997   3620  5/ 8/1997    3.43  Creixent
ElecSA                2415  5/ 8/1997   2845 24/ 7/1997  -15.11  Decreixent
BancEstalviSA         3456 24/ 7/1997   4070  5/ 8/1997   17.77  Creixent
PetrolSA               560 24/ 7/1997    780  1/ 8/1997   25.00  Oscillant
EuroSA                 500  5/ 8/1997    800  4/ 8/1997  -36.63  Oscillant
InfoSA               10000 24/ 7/1997  10130  5/ 8/1997    1.30  Creixent
KDolent                270  5/ 8/1997    300 24/ 7/1997  -10.00  Decreixent
MarSA                  715  4/ 8/1997    715  4/ 8/1997    0.00  Constant
```

7.2 Bàsquet

Disseny de les estructures de dades

Comencem per declarar una constant amb el valor corresponent al nombre màxim de jugadors per equip:

```
const int MAX_JUG = 15;
```

De l'anàlisi de l'enunciat, es desprèn que ens cal una estructura de dades per guardar les dades de l'equip i dels seus jugadors. Concretament, per a l'equip necessitem saber quins són els seus jugadors i quants tirs de cada tipus s'han fet. En conseqüència, definim el tipus Equip com segueix:

```
struct Equip {
    int n;                    // Nombre de jugadors
    tJugador jug[MAX_JUG];    // Taula de jugadors
    int tirs[4];              // Nombre de tirs
};
```

Aquí, n denotarà el nombre de jugadors a l'equip, la taula jug contindrà la informació de cada jugador de la posició 0 a la n-1 i tirs servirà per indicar quants tirs fallats (tirs[0]), simples (tirs[1]), dobles (tirs[2]) i triples (tirs[3]) ha fet l'equip. A més, per facilitar l'escriptura del llistat en ordre segons el dorsal dels jugadors, establim que la taula jug està ordenada per dorsals.

El tipus Jugador que hem introduït haurà d'emmagatzemar dades de jugadors individuals, com ara el seu dorsal, el seu nom, la seva alçada, el nombre de punts realitzats, el nombre de faltes comeses i el temps de joc. A més, caldrà saber per a cada jugador quin és l'instant de temps en el qual ha entrat per darrer cop. Per tant, definim el tuple per a jugadors de la forma següent:

```
struct Jugador {
    int dorsal, punts, faltes, segons, darEnt;
    string nom;
    double alcada;
};
```

L'únic camp que mereix una explicació addicional és darEnt: en aquest camp s'emmagatzema l'instant de temps del darrer cop que el jugador ha entrat en el camp. Sense aquest camp, no podríem saber quant de temps ha jugat. Quan el jugador és a la banqueta, en aquest camp contindrà un valor -1. Sense aquest valor especial, no es podria dir al final del partit que tots els jugadors surten.

Primer nivell del disseny descendent

De l'enunciat, podem extreure la informació que hi ha quatre tasques principals a realitzar, l'una rera l'altra:

1. Inicialitzar l'equip quan el partit comença.
2. Tractar les comandes de l'entrada tot actualitzant la informació de l'equip.
3. Finalitzar l'equip quan el partit acaba.
4. Escriure l'informe estadístic de l'equip i els jugadors.

En conseqüència, el nostre algorisme principal utilitzarà una variable per contenir l'equip i sobre la qual s'aplicaran les tasques descrites. Per a aquestes, introduïm crides a accions que definirem al proper nivell:

```
int main () {
    cout.setf(ios::fixed);
    cout.precision(6);
    tEquip e;

    Inicialitzar(e);
    LlegirSequencia(e);
    Finalitzar(e);
    EscriureInforme(e);
}
```

Segon nivell del disseny descendent

Per inicialitzar un equip, cal dir que no té jugadors i que no s'ha anotat ni fallat cap punt:

```
void Inicialitzar (Equip& e) {
    e.n = 0;
    e.tirs[0] = 0; e.tirs[1] = 0; e.tirs[2] = 0; e.tirs[3] = 0;
}
```

Per llegir la seqüència d'entrada i anar aplicant el canvis que aquesta dicta a un equip, observem que tenim una seqüència de comandes amb paràmetres.

La comanda FINAL marca el final de la seqüència. Segons quina sigui la comanda, cal llegir els seus paràmetres corresponents i tractar-los adequadament. En aquest nivell és, doncs, raonable concentrar-se en el procés de llegir la seqüència i deixar per a més tard el seu tractament, que quedarà relegat a noves accions que reben un equips i els paràmetres necessaris:

```
void LlegirSequencia (Equip& e) {
    string p, nom;
    int dorsal, temps, punts;
    double alcada;

    cin >> p;
    while (p != "FINAL") {
        if (p == "DORSAL") {
            cin >> nom >> dorsal >> alcada;
            TractarDorsal(e,nom,dorsal,alcada);
        } else if (p == "ENTRA") {
            cin >> dorsal >> temps;
            TractarEntra(e,dorsal,temps);
        } else if (p == "SURT") {
            cin >> dorsal >> temps;
            TractarSurt(e,dorsal,temps);
        } else if (p == "TIRA") {
            cin >> dorsal >> temps >> punts;
```

```
                    TractarTira(e,dorsal,temps,punts);
            } else if (p == "FALTA") {
                cin >> dorsal >> temps;
                TractarFalta(e,dorsal,temps);
            } else {
                cout << "ERROR!";
            }
            cin >> p;
        }
    }
```

Malgrat que el temps de joc en què s'ha produït la falta no es necessita per res, el passem a l'acció perquè així apareix a l'enunciat. D'aquesta forma, seria més fàcil ampliar el programa el dia que això fos necessari.

Per finalitzar un equip, cal que a tots els jugadors que eren al camp a l'acabar el partit (és a dir, els jugadors que tenen el seu temps de darrera entrada diferent de -1) se'ls faci sortir al minut 40:

```
void Finalitzar (Equip& e) {
    for (int i = 0; i < e.n; ++i) {
        if (e.jug[i].darEnt != -1) {
            e.jug[i].segons = e.jug[i].segons + 40 * 60 - e.jug[i].darEnt;
        }
    }
}
```

Finalment, per tal d'escriure l'informe estadístic, cal escriure primer les dades de l'equip i recórrer després la seva taula de jugadors, tot escrivint les dades corresponents. Recordem que la taula ja està ordenada per dorsals:

```
void EscriureInforme (const Equip& e) {
    cout << "Nombre total de punts:   "
         << e.tirs[1] + e.tirs[2]*2 + e.tirs[3]*3 << endl
         << "Nombre de tirs lliures: " << e.tirs[1] << endl
         << "Nombre de tirs dobles:   " << e.tirs[2] << endl
         << "Nombre de tirs triples: " << e.tirs[3] << endl
         << "Nombre de tirs fallats:   " << e.tirs[0] << endl
         << endl;

    for (int i = 0; i < e.n; ++i) {
        cout << "Dorsal: " << e.jug[i].dorsal << endl
             << "Nom:    " << e.jug[i].nom << endl
             << "Punts:  " << e.jug[i].punts << endl
             << "Faltes: " << e.jug[i].faltes << endl;
        double mins = double(e.jug[i].segons)/60.0;
        cout << "Temps:  " << mins << endl;
        if (mins != 0.0) {
            cout << "Promig de punts per minut:  "
                 << double(e.jug[i].punts)/mins << endl
                 << "Promig de faltes per minut: "
```

```
                    << double(e.jug[i].faltes)/mins << endl;
          }
          cout << endl;
      }
  }
```

Observeu que hem pres la precaució de no dividir per zero al calcular promitjos perquè podria ser que un jugador no hagués jugat.

Tercer nivell del disseny descendent

En aquest nivell de disseny descendent haurem d'escriure les accions que tracten les comandes. Comencem per TractarEntra() i TractarSurt():

```
void TractarEntra (Equip& e, int dorsal, int temps) {
    e.jug[CercarPosicio(e,dorsal)].darEnt = temps;
}


void TractarSurt (Equip& e, int dorsal, int temps) {
    int i = CercarPosicio(e,dorsal);
    e.jug[i].segons = e.jug[i].segons + temps - e.jug[i].darEnt;
    e.jug[i].darEnt = -1;
}
```

Aquestes dues funcions mostren per què calia el camp **darEnt** en el tipus tJugador: Quan un jugador entra, aquest camp emmagatzema a quin moment ha entrat. Quan un jugador surt, s'utilitza **darEnt** per actualitzar el temps que ha estat jugant. Després, es posa a -1 per tal de dir que és a la banqueta.

En aquestes accions, se suposa que la crida a CercarPosició() retorna l'índex de la taula de jugadors on es troba el dorsal donat (si no hi és, retorna la posició més petita amb un dorsal més gran, però això no es pot donar en aquestes dues crides).

A continuació donem el codi per tractar els tirs i les faltes:

```
void TractarTira (Equip& e, int dorsal, int temps, int punts) {
    int i = CercarPosicio(e,dorsal);
    e.tirs[punts] = e.tirs[punts]+1;
    e.jug[i].punts = e.jug[i].punts+punts;
}


void TractarFalta (Equip& e, int dorsal, int temps) {
    int i = CercarPosicio(e,dorsal);
    e.jug[i].faltes = e.jug[i].faltes+1;
}
```

Finalment, només queda per fer l'alta d'un dorsal (TractarDorsal()). En aquest cas, cal buscar primer la posició de la taula de jugadors on caldrà inserir el nou jugador. Si aquesta no és la darrera, cal córrer tots els elements a partir d'ella una posició cap a la dreta, per poder encabir el jugador. Això és una conseqüència d'haver decidit mantenir aquesta taula ordenada per dorsals. Després, només cal inicialitzar correctament el nou jugador:

```
void TractarDorsal (Equip& e, string nom, int dorsal, double alcada) {
    // Inserir jugador
    int i = CercarPosicio(e,dorsal);
    int j = e.n;
    while (j > i) {
        e.jug[j] = e.jug[j-1];
        --j;
    }
    ++e.n;

    // Inicialitzar jugador
    e.jug[i].nom = nom;
    e.jug[i].dorsal = dorsal;     e.jug[i].alcada = alcada;
    e.jug[i].punts  = 0;          e.jug[i].faltes = 0;
    e.jug[i].segons = 0;          e.jug[i].darEnt = -1;
}
```

Quart nivell del disseny descendent

La darrera funció que ens cal fer és CercarPosició(). Es tracta d'una cerca que retorna la posició de la taula de jugadors que conté un dorsal més gran o igual que el donat. Si el dorsal donat és més gran que $e.n$, retorna $e.n + 1$:

```
int CercarPosicio (const Equip& e, int dorsal) {
    int i = 0;
    bool trobat = false;
    while (i<e.n and not trobat) {
        if (e.jug[i].dorsal >= dorsal) {
            trobat = true;
        } else ++i;

    }
    return i;
}
```

Aquesta funció també s'hagués pogut implementar amb una cerca binària en lloc d'una cerca lineal, però com que el nombre de jugadors en un equip és baix, no hem considerat que valgués la pena.

El programa

A continuació donem el codi complet en C++ del programa dissenyat anteriorment. Noteu que hem omès els comentaris només perquè aquests ja apareixen a la secció precedent. En situacions reals, el codi també hauria de contenir la documentació. Observeu també que hem reordenat l'ordre de la definició de les funcions i accions per tal que qualsevol acció/funció hagi estat definida abans de la seva primera crida, tal com estableix el llenguatge de programació C++:

```
#include <iostream>
#include <string>
```

```
using namespace std;

const int MAX_JUG = 15;

struct Jugador {
    int dorsal, punts, faltes, segons, darEnt;
    string nom;
    double alcada;
};

struct Equip {
    int n;
    tJugador jug[MAX_JUG];
    int tirs[4];
};

void Inicialitzar (Equip& e) {
    e.n = 0;
    e.tirs[0] = 0; e.tirs[1] = 0; e.tirs[2] = 0; e.tirs[3] = 0;
}

int CercarPosicio (const Equip& e, int dorsal) {
    int i = 0;
    bool trobat = false;
    while (i<e.n and not trobat) {
        if (e.jug[i].dorsal >= dorsal) {
            trobat = true;
        } else ++i;
    }
    return i;
}

void TractarDorsal (Equip& e, string nom, int dorsal, double alcada) {
    int i = CercarPosicio(e,dorsal);
    int j = e.n;
    while (j > i) {
        e.jug[j] = e.jug[j-1];
        --j;
    }
    ++e.n;

    e.jug[i].nom = nom;
    e.jug[i].dorsal = dorsal;    e.jug[i].alcada = alcada;
    e.jug[i].punts  = 0;         e.jug[i].faltes = 0;
    e.jug[i].segons = 0;         e.jug[i].darEnt = -1;
}

void TractarEntra (Equip& e, int dorsal, int temps) {
    e.jug[CercarPosicio(e,dorsal)].darEnt = temps;
```

```
    }

    void TractarSurt (Equip& e, int dorsal, int temps) {
        int i = CercarPosicio(e,dorsal);
        e.jug[i].segons = e.jug[i].segons + temps - e.jug[i].darEnt;
        e.jug[i].darEnt = -1;
    }

    void TractarTira (Equip& e, int dorsal, int temps, int punts) {
        int i = CercarPosicio(e,dorsal);
        e.tirs[punts] = e.tirs[punts]+1;
        e.jug[i].punts = e.jug[i].punts+punts;
    }

    void TractarFalta (Equip& e, int dorsal, int temps) {
        int i = CercarPosicio(e,dorsal);
        e.jug[i].faltes = e.jug[i].faltes+1;
    }

    void LlegirSequencia (Equip& e) {
        string p, nom;
        int dorsal, temps, punts;
        double alcada;

        cin >> p;
        while (p != "FINAL") {
            if (p == "DORSAL") {
                cin >> nom >> dorsal >> alcada;
                TractarDorsal(e,nom,dorsal,alcada);
            } else if (p == "ENTRA") {
                cin >> dorsal >> temps;
                TractarEntra(e,dorsal,temps);
            } else if (p == "SURT") {
                cin >> dorsal >> temps;
                TractarSurt(e,dorsal,temps);
            } else if (p == "TIRA") {
                cin >> dorsal >> temps >> punts;
                TractarTira(e,dorsal,temps,punts);
            } else if (p == "FALTA") {
                cin >> dorsal >> temps;
                TractarFalta(e,dorsal,temps);
            } else {
                cout << "ERROR!";
            }
            cin >> p;
        }
    }

    void Finalitzar (Equip& e) {
        for (int i = 0; i < e.n; ++i) {
```

```
            if (e.jug[i].darEnt!=-1) {
                e.jug[i].segons = e.jug[i].segons + 40*60 - e.jug[i].darEnt;
            }
        }
    }


    void EscriureInforme (const Equip& e) {
        cout << "Nombre total de punts:    "
            << e.tirs[1] + e.tirs[2]*2 + e.tirs[3]*3 << endl
            << "Nombre de tirs lliures: " << e.tirs[1] << endl
            << "Nombre de tirs dobles:  " << e.tirs[2] << endl
            << "Nombre de tirs triples: " << e.tirs[3] << endl
            << "Nombre de tirs fallats: " << e.tirs[0] << endl
            << endl;

        for (int i = 0; i < e.n; ++i) {
            cout << "Dorsal: " << e.jug[i].dorsal << endl
                << "Nom:    " << e.jug[i].nom << endl
                << "Punts:  " << e.jug[i].punts << endl
                << "Faltes: " << e.jug[i].faltes << endl;
            double mins = double(e.jug[i].segons)/60.0;
            cout << "Temps:  " << mins << endl;
            if (mins != 0.0) {
                cout << "Promig de punts per minut:  "
                    << double(e.jug[i].punts)/mins << endl
                    << "Promig de faltes per minut: "
                    << double(e.jug[i].faltes)/mins << endl;
            }
            cout << endl;
        }
    }

    int main () {
        cout.setf(ios::fixed);
        cout.precision(6);
        tEquip e;

        Inicialitzar(e);
        LlegirSequencia(e);
        Finalitzar(e);
        EscriureInforme(e);
    }
```

Joc de prova

A continuació donem un joc de prova petit però realista. L'entrada és:

```
DORSAL XavierF  99 1.73
DORSAL Fatos    15 1.70
DORSAL JordiM   11 1.68
```

```
DORSAL XavierM  5  1.71
DORSAL JordiP   33 1.89
DORSAL Carlos   92 1.65
DORSAL Gonzalo  12 1.61
DORSAL Angela   18 1.70

ENTRA 99 0
ENTRA 15 0
ENTRA 5 0
ENTRA 33 0
ENTRA 11 0

TIRA 99 56 2
TIRA 15 100 2
TIRA 11 118 0
TIRA 11 120 1
FALTA 11 125
TIRA 5  126 2
TIRA 99 190 3
FALTA 11 200
TIRA 99 256 2
TIRA 33 296 2
SURT 15 400
ENTRA 92 400
TIRA 99 1056 2
TIRA 15 1100 2
FALTA 11 1120
TIRA 11 1118 0
TIRA 11 1120 1
TIRA 5  1126 2
TIRA 99 1190 3
FALTA 92 1200
TIRA 99 1256 2
TIRA 33 1296 2
TIRA 92 1310 1
SURT 92 1400
ENTRA 15 1400
SURT 33 1405
ENTRA 18 1405
TIRA 18 1406 3

FINAL
```

La seva sortida corresponent és:

```
Nombre total de punts:   32
Nombre de tirs lliures: 3
Nombre de tirs dobles:  10
Nombre de tirs triples: 3
Nombre de tirs fallats:  2

Dorsal: 5
Nom:    XavierM
Punts:  4
Faltes: 0
Temps:  40.000000
Promig de punts per minut:  0.100000
Promig de faltes per minut: 0.000000

Dorsal: 11
Nom:    JordiM
Punts:  2
```

```
Faltes: 3
Temps:  40.000000
Promig de punts per minut:  0.050000
Promig de faltes per minut: 0.075000


Dorsal: 12
Nom:    Gonzalo
Punts:  0
Faltes: 0
Temps:  0.000000

Dorsal: 15
Nom:    Fatos
Punts:  4
Faltes: 0
Temps:  23.333334
Promig de punts per minut:  0.171429
Promig de faltes per minut: 0.000000


Dorsal: 18
Nom:    Angela
Punts:  3
Faltes: 0
Temps:  16.583334
Promig de punts per minut:  0.180905
Promig de faltes per minut: 0.000000


Dorsal: 33
Nom:    JordiP
Punts:  4
Faltes: 0
Temps:  23.416666
Promig de punts per minut:  0.170819
Promig de faltes per minut: 0.000000


Dorsal: 92
Nom:    Carlos
Punts:  1
Faltes: 1
Temps:  16.666666
Promig de punts per minut:  0.060000
Promig de faltes per minut: 0.060000


Dorsal: 99
Nom:    XavierF
Punts:  14
Faltes: 0
Temps:  40.000000
Promig de punts per minut:  0.350000
Promig de faltes per minut: 0.000000
```

www.ingramcontent.com/pod-product-compliance
Lightning Source LLC
LaVergne TN
LVHW062318060326
832902LV00013B/2284